지나치게
연결된 사회

지나치게
연결된 사회

Markus
Gabriel

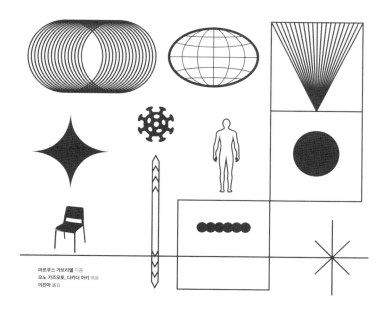

마르쿠스 가브리엘 지음
오노 가즈모토, 다카다 아키 엮음
이진아 옮김

베가북스
VegaBooks

코로나19 바이러스가 창궐하면서 시작된 팬데믹 탓에 전 세계가 하나의 중대한 문제를 직시하지 않으면 안 되는 상황과 맞닥뜨렸다. 이제껏 유례를 찾기 힘든 일이다.

사람들이 국제적으로 왕래하는 시대, 다시 말해 사람들이 '지나치게 연결된 시대'이기 때문에 일어난 재앙으로 뒤덮인 세상이 되고 말았다. 사람들, 특히 고령자들은 항상 감염 위험에 노출되어 있고, 치료를 받는 것이 힘들며, 경제 활동에 제약을 받는 데다 외국에 가는 일도 마음처럼 쉽지 않다. 앞으로의 일을 예측하기도 어려워 자칫하면 비관적으로 변하기 쉬운 상태에서 우리는 어떠한 비전을 가질 수 있을까?

우리는 '신실재론'을 내세우고 있으며, 현재 지구에서 가장 주목받는 철학자로 꼽히는 마르쿠스 가브리엘Markus Gabriel에게 줌Zoom을 통해 질문을 던졌다. 코로나 팬데믹 이후의 시대를 어떻게 보고 있느냐고.

인터뷰를 시작하기 전에는 다소 걱정스러웠다. 생활의 터전이 봉쇄된 독일에서 가브리엘은 일상을 어떻게 보내고 있을까? 팬데믹 이전까지 온 세계를 마음껏 돌아다녔던 이 '철학계의 록스타'가 생각지도 못한 움직임의 제한을 당하며 몹시 우울한 상태일지도 모르는 일이었다.

그러나 그런 걱정은 기우였다. 최근 가브리엘은 저서 《왜 세계사의 시간은 거꾸로 흐르는가》(타인의 사유)를 마무리할 때와 마찬가지로 매우 쾌활했을 뿐 아니라 의욕적으로 자신의 '희망'을 말하기도 했다. "위기는 인간을 윤리적으로 만듭니다. '착취하는 자본주의'는 붕괴하고 있고, 윤리적인 자본주의가 더욱 보급될 거예요. 이미 그러한 징조가 숱하게 나타나고 있습니다." 더불어 그는 자신의 현재 활동을 피력하면서 '신실재론'과 '신실존주의'에 기반을 둔 사상을 심도 있게 이야기하기도 했다.

우리는 때때로 이런 질문을 받는다. "철학은 무엇에 도움이 되는가?" 또 철학자를 이렇게 평가하기도 한다. "그들은 현실에서 동떨어진 추상적인 세계에서 '말장난'이나 하는 사람들이 아닌가?" 하지만 철학자는 철저하게 추상적인 사고를 하기 때문에 오히려 종합적이고도 보편적인 비전, 말하자면 '거대 이론Grand Theory'과 같은 새로운 비전을 제시할 수 있다.

거대 이론이란 미국의 사회학자 찰스 라이트 밀스C. Wright Mills가 제창한 용어로, 어느 특정 사회나 경험에 기대지 않고 사회와 인간의 경험을 폭넓게 이론화하는 것을 가리킨다. 가브리엘의 말을 빌자면 마르크스Karl Marx의 《자본론》과 존 로크John Locke의 정치철학 등이 이 거대 이론에 해당한다. 이 책에서 소개하는 칸트와 헤겔에 의한 '권리와 법'의 개념화 역시 보편성 있는 이론이 구축된 예로 보아도 좋을 것이다.

가브리엘은 이 책에서 새로운 시대의 비전을 명확하게 제시한다. 말하자면 철학자가 해야 할 책임을 다했다는 뜻이다. 가브리엘은 '연결'에 관련된 세 가지 문제, 즉 '사람과 바이러스의 연결', '국가와 국가의 연결', '개인과 개인 사이의 연결'에 관하여 자신의 견해를 제시하고, 아울러 윤리 자본주의의 미래를 예견했다.

제1장 '사람과 바이러스의 연결'에서는 록다운(봉쇄) 조치가 취해진 독일에서 자신이 어떻게 행동했는지를 이야기하며, 앞에서 언급한 코로나19 사태 이후의 세계를 위한 비전을 제시했다.

제2장 '국가와 국가의 연결'에서는 국제 문제를 화두로 삼았다. 대통령이 새롭게 선출된 미국과 팽창하는 중국 사이의 '기' 싸움은 앞으로도 계속 이어질 것이다. 세계 각국이 미국과 중국의 싸움으로 인한 영향을 받지 않을 수 없는 상황에 대해서 가브리엘은 독일인이라는 정체성에서 출발한 자신의 견해를 밝힌다. 나아가 유럽연합 EU이 처한 문제를 언급하며 2021년에 예정대로 퇴임했던 앙겔라 메르켈 Angela Merkel 총리에 관해서도 종합적으로 논했다.

제3장 '타인과의 연결'에서는 '자기'를 강요하는 SNS의 심각한 문제를 풀어 해석하고, 나아가 동아시아 사람들의

커뮤니케이션 방식을 독일이나 뉴욕과 비교하면서 토론하고 있다. 건설적인 토론을 벌이기를 못내 어려워하는 아시아인들을 위해 '원만하게 토론하기 위한 힌트'를 제안하기도 한다.

제4장 '새로운 경제활동의 연결 ― 윤리자본주의의 미래'에서는 직접 연관된 구체적인 사례를 들어가며 윤리적인 기업들의 활동을 소개하고, 진화한 자본주의의 형태를 구상했다.

이렇게 다양한 '연결'에 대하여 이야기를 풀어놓은 다음, 제5장 '개인이 살아가는 본연의 자세'에서는 다시 '인간이라는 존재' 자체에 포커스를 맞춘다. 그러니까 인간의 사고란 어떤 것인가, 인생의 의미란 무엇인가와 같은 근본적인 문제를 다루면서 여러모로 연결됐다고 해서 장난에 현혹되지 않고 '인간답게' 살아가기 위한 사유를 펼쳐 보여준다.

이 책의 내력을 잠깐 설명해두는 게 좋겠다. 가브리엘과의 인터뷰는 저널리스트 오노 가즈모토Ohno Kazumoto와 편집부가 함께 영어로 오랫동안 심도 있게 진행했는데, 이 책은 그 인터뷰를 편집한 형태로 엮은 것이다.

이전과 완전히 달라진 세계에서 마르쿠스 가브리엘이라는 희대의 철학자는 무엇을 생각하고 있을까? 가브리엘이기에 가능한 그 대담한 메시지를 아무쪼록 재미있게 읽어주기 바란다.

PHP 연구소 편집부

오노 가즈모토

차례

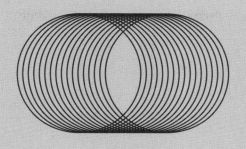

1장

사람과 바이러스의 연결

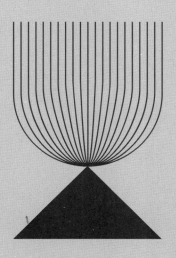

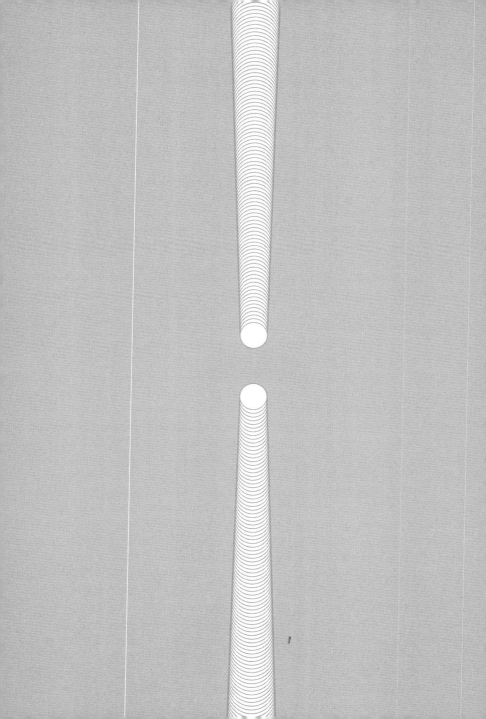

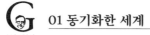

• 의식적으로 행동을 통일시킨 세계

코로나19 바이러스의 확산으로 전 세계 사람들의 행동이 완전히 동기화^{同期化}한 것을 볼 수 있었습니다. 아마도 인류 사상 최초로 벌어진 일일 것입니다. 아주 미세한 차이는 있었겠지만, 모든 인간이 기본적으로 거의 같은 행동을 취한 것이지요. 전 인류가 감염의 확산을 막으려고 동시에 움직였기 때문입니다.

물론 국가마다 몇 주일 혹은 몇 달이라는 시간의 차이는 있었습니다. 감염의 원천이라고 지목된 중국과 거리가 가까운 동아시아 국가들이 한층 더 빠르게 반응하는 등, 약간의 시차는 있었지만 전 세계가 같은 시기에 같은 행동을 취한 것입니다.

　제가 살고 있는 독일에서는 언론을 통하지 않고 직접 일어난 일을 관찰할 수 있었는데, 당연한 노릇이지만 상황은 무척 복잡했습니다. 다른 나라에서도 비슷했겠지만, 변화는 단계적으로 일어났습니다. 이러한 변화의 단계들이 어느 정도로 연동되어 있는지는 모릅니다. 그러나 맨 처음 독일에서 일어난 가장 큰 변화는 사회의 결속이 눈에 띄게 강해졌다는 점입니다. 무엇을 하려고 해도 남과 얼마나 가까워져야 할지, 직접 말을 걸어도 괜찮은지, 슈퍼마켓에서 얼마나 시간을 들여 장을 보는지, 마스크와 장갑은 착용해야 하는지 등을 생각하게 되었다는 말이지요.

　코로나19가 팬데믹으로 선언되기 전부터 저는 마스크와 장갑을 모두 착용했는데, 주위에서는 그런 저를 외국인처럼 (특히 중국인처럼) 보았습니다. 또 제가 알고 있는 독일 거주 중국인 학생들도 모두 마스크를 착용했는데, 그들 역시 이상한 사람으로 취급받곤 했습니다.

　한국이나 일본에서는 오래전부터 감기에 걸리면 마스크를 쓰는 것이 당연했지만, 외국에서는 기이한 시선을 받은 경험이 있을지도 모릅니다. 그러나 이번엔 사회적인 약속이 돼버린 결과, 예전과는 정반대의 상황이 되었습니다. 마스크를 꼭 써야 하는 상황 속에서 마스크를 쓰지 않고 누군가와 만나면 그 자리에 있는 사람들에게 비난을 받게 된 거죠. 어떻게든 바이러스에 이기기 위해 사회가 명확하게 의식적으로 행동을 통일시킨 것입니다.

• 사상 처음으로 중국이 전 세계 사람의 행동을 통합했다

깜짝 놀랄 일은 하나둘이 아닙니다. 하지만 제가 가장 놀란 것은 전 세계 사람의 행동을 최초로 하나 되게 만들고, 록다운(봉쇄 조치)의 방법이나 속도 등을 설정한 것이 다름 아닌 중국이었다는 사실입니다. 중국이 인류 역사상 처음으로 모든 인간의 행동을 바꾸는 데 성공했다는 것이죠. 물론 그런 일을 계획적으로 실행한 것은 아닙니다. 중국의 언론과 정부가 의도적으로 인류의 행동 패턴을 일거에 뒤집어버렸다는 말이 아니라는 얘기입니다. 그런 일이야 누구에게나 불가능하다고 생각합니다만, 어쨌거나 중국이 세계를 리드했으니 그것은 주목할 만하다고 생각합니다.

그렇다고 중국이 그렇게 함으로써 이익을 얻은 것도 아닙니다. 팬데믹이 일어나 중국의 상황이 이전보다 좋아지지도 않았습니다. 그렇지만 중국이 앞장서서 세계의 기조를 단단히 자리 잡았죠. 이것은 새로운 상황입니다. 이러한 동기화는 상당히 흥미롭습니다.

좀 더 분석하자면 이 동기화는 바이러스가 우리에게 강제한 것이 아닙니다. 모든 인간은, 너무나 당연한 얘기지만, 같은 종Species입니다. 독일 사람인 저와 여러분은 버전이 서로 다를 뿐 모두 같은 종, 그러니까 같은 호모 사피엔스입니다. 위에서 설명한 동기화라는 것에서 우린 무엇을 생각할 수 있을까요? 여러분이든 독일인이든 호모 사피엔스는 바이러스에 직면했을 때 특정한 반응을 한다는 것입니다. 그러나 우리는 바이러스에 반응하고 있는 게 아니라, 바이러스의 '표상表象, Representation'에 반응하고 있습니다. 모든 호모 사피엔스가 바이러스에 대하여 똑같이 반응한다는 사실에 대한 설명은 단순하다고 생각합니다.

• 바이러스의 표상에 반응하고 있다

애당초 팬데믹이 선언되었을 때, 바이러스의 위험도는 실제보다 훨씬 부풀리고 과장되어 전해졌습니다. 바이러스의 치사율 혹은 사망률은 (이들의 패러미터, 즉, 변수를 어떻게 정의하느냐에 따라 다르지만) 10퍼센트쯤이라 여겨졌습니다. 그러니까, 사스SARS의 그것과 같다고 취급된 겁니다. 하지만 실제로는 그렇지 않았죠. 물론 일반적인 인플루엔자나 감기와는 다르기 때문에 아무런 대책도 세우지 않는 것은 다소 위험하지만, 굳이 록다운을 실시할 만큼 사망률이 높은 것은 아니라는 사실을 알게 되었습니다. 이 바이러스는 그러한 성질을 지녔습니다.

그런데 엄밀하게 따지자면 이것은 '바이러스의 성질'이 아니라, '바이러스의 표상이 지닌 성질'입니다. 우리는 바이러스에 대하여 아무것도 하지 않을 수도 있습니다. 그냥 내버려둘 수 있다는 거죠. 이처럼 바이러스를 방치하면 일정한 결과를 불러일으키게 되는데, 그 결과가 마음에 들 수도 있고, 마음에 들지 않을 수도 있습니다. 어느 쪽이든 바이러스가 인간에게 행동을 강제하는 것은 아닙니다. 다시 말하자면, 바이러스에 대한 인간의 반응은 인간성 그 자체가 불러일으키는 것이 아닙니다. 따라서 행동의 동기화에는 사회경제적, 정치적, 심리적인 설명, 그리고 마지막으로 철학적인 설명이 필요합니다. 많은 나라와 엄청난 수의 사람이 바이러스로 인해 개인과 사회 전체가 떠안아야 하는 리스크를 과대평가하는 나라도 많고, 그런 사람도 엄청 많습니다. 하지만 반대로 그 위험을 과소평가하는 사람들도 적지 않습니다.

02 2019년 이전의 질서는 끝났다

● 새로운 질서에 맞춘 나의 행동

독일은 많은 법률을 제정하고, 법률과 정치 측면의 전략을 실행해 사람들의 행동에 변화를 일으켰습니다. 좋든 나쁘든 인간의 행동을 강제로 바꾼 것입니다. 그러나 결국 저 자신이 생활의 패턴을 바꾸게 된 가장 큰 이유는 바이러스보다도 훨씬 큰 위기를 인식했기 때문입니다. 저에게 이 바이러스는 엄청난 규모의 정치 문제를 생각하는 심리적인 계기가 되었다는 뜻이죠.

여기서 정치 문제라고 말한 것은 민주주의의 구현에 있어서 통치 시스템과 리더십의 중요성이 더욱 두드러졌다는 얘기입니다. 철학자 겸 문화 연구자 페터 슬로터다이크

Peter Sloterdijk[1]는 코로나의 피해를 견디고 있는 독일에 대하여 "지금이야말로 민주주의를 발휘하고 실행할Exercise 때"라고 주장했습니다. 그러면서 누가 무엇에 책임을 지는가, 나의 권리는 무엇인가, 나의 의무는 무엇인가, 우리는 어떻게 팬데믹과 싸울 수 있을까, 다른 천재지변이라면 어떨까, 등을 성찰할 때라고 말했지요.

또한 저는 예전보다 훨씬 '환경을 배려하게Ecological' 되었습니다. 가령 저는 2월 중순부터 지금까지(2020년 8월까지) 한 번도 비행기를 타지 않았습니다. 마지막으로 비행기를 타고 가서 참석했던 회의는 베를린에서 개최된 프리메이슨의 최고위 집회였습니다. 보건 관련 전문가도 다수 참가한 회의였으므로 음모론자들이라면 두려워할지도 모르겠군요. (웃음) 아무튼 마지막으로 비행기를 탄 것은 그때였습니다.

별의별 일들이 벌어지고 있는 지금, 저는 사회 전체에 대하여 다시 생각하고 있습니다. 사상가로서 당연한 반응을 하는 것이겠지요. 개인적으로는 세계보건기구WHO가

---

1   페터 슬로터다이크(1947~)는 독일의 철학자다. 텔레비전 사회자로서도 활약했으며, 20세기 말에 조소적인 시니시즘이 만연해 있다는 내용을 담은 《냉소적 이성 비판》(1983)을 펴내 주목받았다.

팬데믹 선언을 하기 전에 저희 직원 모두에게 재택근무를 지시했습니다.

또 저는 슈퍼마켓에 갈 때면 장갑과 마스크를 착용하고, 사회적 거리 두기를 지키며 철저하게 감염 방지를 위해 노력했습니다. '격리Quarantine'라는 말이 쓰이기 전부터 자발적인 격리를 실천하기도 했고요. 그때는 이러한 감염 방지책을 합리적인 선택이라고 생각했으며, 바이러스의 리스크에 대해서 가장 비관적인 평가를 했습니다. 당시에는 치사율이 10퍼센트 혹은 그 이상으로, 감염력이 높은 사스와 같은 바이러스일지도 모른다고 여겨졌습니다. 결과적으로는 달랐지만요.

그러다가 하인스베르크Heinsberg 조사[2] 결과가 널리 발표되었을 때가 저에게는 전환점이었고, 그 후로 저는 행동을 약간 조정했습니다. 아시아 국가들에도 이 연구가 알려졌는지는 모르겠군요.

독일에서는 옛 수도 본Bonn 출신인 두 사람을 포함해

_____

[2]　하인스베르크 조사 : 2020년 봄, 코로나19 바이러스가 퍼졌던 독일의 노르트라인-베스트팔렌주 하인스베르크에서 본대학교의 슈트렉 교수가 실시한 조사.

서 세 명의 저명한 바이러스 학자 사이에 논쟁이 벌어진 적이 있습니다. 본대학교의 볼프강 슈트렉Wolfgang Streeck 바이러스학 교수는 본 근처의 감염 집중 지역에서 최초의 연구를 시행했는데, 이것은 지금도 세계에서 가장 뛰어난 연구 중 하나로 꼽힙니다. 저는 그가 모은 데이터를 보고, 그 일부에 대해서 설명도 들었습니다. 그런데 그 과정에서 치사율 0.4퍼센트라는 마법의 숫자를 보게 되었습니다.

물론 이 0.4퍼센트라는 수치는 복잡하게 인구에 분포되어 있으므로, 코로나19에 의해 죽을 확률이 누구에게나 0.4퍼센트라는 얘기는 아닙니다. 실제 치사율은 연령층에 따라 혹은 다른 요인에 의해서 달라집니다. 가령 다섯 살인 제 딸과 비교하면 저의 치사율은 훨씬 높겠죠. 이것은 누구나 아는 사실입니다. 그러나 치사율이 10퍼센트에는 전혀 미치지 못한다는 사실을 알고 나니 어깨의 힘이 조금 빠지긴 했습니다.

이 무렵부터 우리와 만나고 싶다는 사람들과는 애써 피하지 않고 만났습니다. 우리보다 바이러스를 두려워하는 사람과 만나는 것은 비윤리적이지만요. 저의 데이터 해석을 남에게 강요할 생각은 없습니다. 저의 해석이 틀렸을지도 모르잖아요. 각자의 방법으로 리스크를 평가해야 한다고 생각합니다. 이건 각자의 심리 문제죠.

저는 팬데믹 이후 전철만 이용하고 있습니다. 자주 베를린에 갔고, 함부르크에도 갔지만, 매번 전철만 탔습니다. 여섯 시간이나 탄 적도 있는데, 제법 익숙해졌습니다. 예전의 저라면 상상도 못할 일이죠. 비행에 더 익숙했으니까요. 동아시아로 가는 열두 시간의 비행에 더 익숙했습니다. 아무튼 지금은 여섯 시간의 열차 여행에 똑같이 익숙해져 있습니다. 계속 마스크를 쓰고 있어야 하지만, 전철에서는 일도 할 수 있고, 쾌적하더군요. 독일 사람들은 전철을 아직 두려워해 이용하지 않는 사람이 많아서 전철 안은 텅텅 비어 있습니다. 저 자신의 행동 변화는 이런 식입니다.

개인적으로는 이 상황을 즐기고 있습니다. 바이러스만 없다면 행복하죠. 놀랍게도 여행을 가고 싶다는 생각은 들지 않습니다. 가족과 밀접한 시간을 보내며 우리나라를 차분히 마주하는 생활을 즐기고 있습니다.

• 이전 세계의 질서는 자취를 감추었다

저는 멕시코시티의 대규모 회의에서 발표할 예정도 있었는데, 대면 회의가 취소되어 온라인으로 참가했습니다. 거기서 저는 포스트 코로나 연구에 관해서만 이야기했습니다. 포스트 코로나Post-coronial라고 하니까 포스트 식민지주의 Post-colonial처럼 들리죠? 최근 독일에서 발표된 기사에서 저는 생활세계[3]의 '코로나화Coronalization'라는 표현을 썼습니다. 인간의 행동은 식민지화Colonize한 것이 아니라, 코로나화Coronize했다는 뜻이 깔려 있죠. '포스트 코로나 연구Post-coronial Studies'라는 말을 만든 사람은 이탈리아의 철학자 마우리치오 페라리스 Maurizio Ferraris[4]인데, 저는 그와 함께 이 분야에 대하여 강의했습니다.

이야기를 되돌려볼까요. 위의 온라인 회의에서는 멕

---

3   생활세계(Lebenswelt) : 에드문트 후설(Edmund Husserl, 1859~1938)이 만든 개념으로, 과학을 통해 객관적으로 이해되는 세계에 앞서서 우리가 일상적으로 존재하는 세계를 가리킨다. 후설은 생활세계를 '과학의 성립 기반'이라고 생각했다.

4   마우리치오 페라리스(1956~) : 이탈리아의 철학자. 마르쿠스 가브리엘과 마찬가지로 '신실재론'의 중심인물 중 한 사람이다. 주요 저서로《신실재론 선언》 등이 있다.

시코 정부의 관료가 이렇게 말했습니다. "코로나 이후의 미래를 의미하는 포스트 코로나 같은 것은 존재하지 않는다." 저는 이것이야말로 세간에서 말하는 "뉴 노멀New Normal," 그러니까 새로운 표준이라고 생각합니다. 이를 계기로 저는 지금 사회 전체를 다시 파악하는 데 진지하게 몰입하고 있습니다. 경제적으로 이뤄지는 거래는 물론이고, 이 바이러스가 홍역이나 소아마비와 달리 소멸할 가능성이 매우 낮다는 사실에 어떻게 대처해야 할지 궁리하고 있습니다.

백신의 감염 예방효율이 100퍼센트가 되지 않는다는 사실은 의학적으로 명백합니다. 그러므로 바이러스는 절대로 사라지지 않을 겁니다. 설사 이 바이러스가 사라진다 해도, 앞으로 인간이 자연계와 접촉하면서 다른 바이러스가 만연할 가능성이 대단히 큽니다. 인간의 생활권 확대는 신종 바이러스의 확산으로 이어질 거라는 얘기죠.

그렇기에 과거 20년간 신종 인플루엔자, 사스, 메르스, 에볼라 등 새로운 바이러스가 차례로 출현했습니다. 이 시기에 출현한 바이러스의 수는 놀랄 정도로 많죠. 그것을 깨달은 지금, 세상이 이전의 '보통' 상태로 돌아갈 일은 결코 없을 겁니다. 그러니까 2019년까지의 세계는 종언을 맞이했습니다. 이전 세계의 질서는 자취도 없어졌고요.

• 록다운과 《리바이어던》

코로나19 위기를 맞아 유럽에서는 록다운 조치가 취해졌는데 이것은 확실히 예외적인 상태[5]를 강제로 부여한 사례입니다. 칼 슈미트Carl Schmitt[6]나 조르조 아감벤Giorgio Agamben[7] 등이 제안했던 대단히 훌륭한 현대철학 이론도 있습니다만, 예외적인 상태라는 전통은 근대 초기의 정치철학, 그러니까 토머스 홉스Thomas Hobbes; 1588~1679까지 거슬러 올라갑니다.

홉스의 이론은 곧 기본적으로 록다운 이론입니다. 국가에 의한 폭력과 경찰을 정당화하는 《리바이어던Leviathan》의 유명한 표지가 바로 그것을 나타냅니다. 최근 어느 미술사

---

5   예외적인 상태 : 카를 슈미트 등이 언급한 국가의 비상사태(Ausnahme)를 가리킨다.

6   칼 슈미트(1888~1985) : 독일의 사상가이자 법학자. 의회제 민주주의를 비판하고 한때는 나치 법학계의 중심인물이 되었으나 국가 사회주의를 비판하며 실각했다. 1950년대 이후 국제법을 연구했고, 주요 저서로《정치적인 것의 개념》등이 있다.

7   조르조 아감벤(1942~) : 이탈리아의 철학자.《호모 사케르》,《도래하는 공동체》등에서 주권과 공동체의 구조를 연구했다.

가가 발견한 것으로 알려진 이 책의 표지에는 많은 작은 인간으로 만들어진 지배자가 그려져 있습니다. 매우 흥미로운 그림이죠. 또 바로 그 아래에는 어떤 마을 풍경이 그려졌는데, 이걸 확대하여 보면 록다운 상태라는 것을 알 수 있습니다. 페스트가 유행했던 상황을 그린 것으로, 의사들이 페스트 감염 예방용 마스크를 쓰고 있습니다.

이것이 바로 예외적인 상태입니다. 그리고 예외적인 상태에서는 정부, 즉 행정기관이 고대 로마인이 말했던 독재 체제로 통치합니다. 이 상황에서의 독재란 한 인간이 다른 인간을 말살하는 것이 아닙니다. 말살하는 독재란 나치의 독재 혹은 중국의 독재 모델입니다. 로마인이 독재 정치라 불렀던 것은 예외적인 상태에서 국가를 위협하는 문제가 국가의 결단을 좌우하는 것을 가리킵니다.

우리가 지금 놓여 있는 상황이 이러합니다. 그러나 독일에서는 이런 얘기를 입 밖에 꺼내는 것이 허용되지 않습니다. 아니, 실제로는 무슨 말을 해도 괜찮습니다. 하지만 독일의 언론계는 이러한 내용을 언급하기를 꺼립니다. 왜냐고요? 음모론자와 우익의 대다수가 독일을 독재국가라고 부르며 정부를 전복시키려고 하고 있기 때문입니다. 기이하게도 그들은 어떤 의미로는 옳지만, 사실을 잘못 해석하고 있습니다. 제가 독일을 독재라 부르는 것은 우익혁명을 지지하기 때문이 아닙니다.

　이런 까닭에 저는 신경을 써서 이렇게 표현하고 있지요. "유럽 국가들은 위생 독재의 모델을 도입했다." 비판하는 뜻으로 그렇게 말하는 것이 아닙니다. 유럽 국가들이 민주국가라는 사실은 변하지 않습니다. 다만 로마인이 말했던 독재를 합법적으로 실시하는 것이 가능해졌다는 겁니다. 독일이 하고 있는 일은 분명히 합법이지만, 엄밀하게 따지면 독일이 예외적인 상태에 있는 건 아닙니다. 스페인이나 프랑스라면 예외적인 상태라고 할 수 있죠. 그리고 이탈리아는 법적인 의미에서 예외적인 상태인지 아닌지, 명확하지가 않습니다.

　예외적인 상태는 보통 시민이 받아들일 리가 없는 행동의 변화를 강제하는 것으로 이어집니다. 미국은 2020년 3월에 EU 시민들의 입국을 거부했지만, 다른 상황이었다면 어느 누구도 이런 일을 수용할 리가 없겠지요. 그런 것은 완전한 파시즘이고, 그래서 트럼프는 파시스트라고 비난받았을 겁니다. 틀림없습니다.

▲《리바이어던》의 표지 | 지배자의 몸이 수많은 작은 인간으로 이뤄져 있다

• 위기는 윤리적 진보를 불러온다

2020년 8월 독일에서 출간한 《어두운 시대의 윤리적 진보Moralischer Fortschritt in dunklen Zeiten: Universale Werte für das 21. Jahrhundert》는 베스트셀러가 되었습니다. 제가 가장 최근에 펴낸 졸작입니다만, 아무튼 그 책에 썼던 것처럼 저는 위기가 윤리적 진보를 불러온다고 생각합니다. 솔직히 말씀드릴 것 같으면, 저는 위기를 즐기면서 관찰하고 있는 편입니다. 자신이 놓인 상황을 개선할 가능성이 인류에게는 많이 있죠. 인류는 위기에 직면할 때마다 윤리적으로 행동해왔다고 생각합니다.

자, 여기서 우선 '윤리'를 정의해볼까요. 인간 개개인의 행동에는 각자 서로 다른 이유가 있습니다. 예를 들어봅시다.

지금 저를 인터뷰하고 계시는 두 분이 각자의 사무실에 이렇게 나와 계시는 데는 여러 가지 이유가 있겠지요. 두 분이 만약 같은 장소에 계셨다면 우리는 각자 다른 장소에서 세 개의 화면을 이용해서 이야기하고 있진 않을 것입니다. 두 분이 서로 만날 수 있는 것도 좋은 일이겠지요. 게다가 오늘은 책을 만들기 위해 우리 대화를 녹음한다는 목적도 있었습니다. 저널리스트인 가즈 씨(오노 가즈모토)에게는 또 다른 역할들이 있고 말이죠. 어쨌거나 이런저런 이유로 여러분은 지금 이곳에 있습니다. 그렇지만 이런 것들은 행동의 이유일 뿐, 윤리적인 이유는 아닙니다. 누군가가 편집자라는 사실에 윤리적인 이유는 없으니까요. 여러분은 다른 직업을 가져도 괜찮습니다. 요리사가 되어도 좋고요. 여러분의 행동은 윤리와는 아무런 관계가 없습니다.

무언가를 행하는 윤리적인 이유란 인간이기에 존재하는 이유이기도 합니다. 누군가가 아기를 계단 위에서 던져 죽이려고 한다고 상상해볼까요. 그러면 누구나 소리칠 겁니다. "안 돼. 그만둬! 그것은 비윤리적이야!"라고. 왜 그럴까요? 인간으로서 다른 인간에게 해서는 안 되는 짓이기 때문입니다. 상대가 누구든지 말이죠. 이것이 윤리입니다.

목숨을 앗아갈 수 있는 바이러스를 퍼뜨려서는 안 되는 이유는 그 상대가 인간이기 때문입니다. 제가 바이러스를 퍼뜨리지 않는 것도 다른 인간에게 해서는 안 될 일이기 때문이죠.

즉 윤리란 서로 다른 문화권에서도 절대 달라지지 않는 보편적인 가치를 말합니다. 한국의 윤리가 중국의 윤리와 달라서는 안 됩니다. 한국과 중국 사이의 차이는 있다 하더라도 그것은 윤리와는 관련이 없습니다. 윤리는 인류를 하나로 묶어주는 것입니다.

• 바이러스에서 얻는 교훈

바이러스에 대한 우리의 반응은 바이러스가 인체에 가하는 위협을 막는다는 의미에서 윤리적인 작용이라고 생각합니다. 인체가 위협을 받았으므로 윤리적인 것을 생각하는 거죠. 독일에서는 팬데믹이 한창일 때, 여러 가지 윤리 문제가 많이 논의되었습니다. 예를 들어 인종차별, 미투 운동, 그리고 환경 위기 같은 것들이죠. 특히 바이러스와 관련된 커다란 문제로, 아무도 언급하고 싶지 않은 것이 바로 환경 위기와 경제 위기입니다.

지금 우리의 눈앞에는 사상 최대의 금융 위기가 닥쳐오고 있습니다. 《그레이트 리셋Covid-19; The Great Reset》이란 제목으로 세계경제포럼에서 간행한 책은 금융 위기가 모든 위기의 근원이라고 말했습니다. 이번 위기는 금융 위기라는 개념이 탄생한 이후 가장 큰 위기이며, 지금까지의 위기와는 다릅니다. 너무나 대규모라 어느 정도의 위협인지 파악하는 것조차 불가능합니다. 이것도 역시 패러독스입니다.

이러한 경제 위기는 확실히 올 것입니다. 아니, 이미 찾아왔습니다. 미국의 실업률 상승은 정상을 벗어난 정도지만, 독일에서도 2021년 중반까지 700만 명이 실업자가 될지도 모른다고 합니다. 터무니없는 예측은 아니라고 생각합니다. 그렇게 되면 제가 태어난 해 이후로 실업자 수가 최대가 됩니다. 700만 명이나 되는 실업자를 어떻게 대처해야 할까요? 답을 아는 사람은 없습니다. 이만큼 방대한 실업 인구가 초래할 영향은 이해하는 것조차 불가능합니다.

그뿐인가요, 사태는 거기서 더욱 악화할 것입니다. 독일의 자동차 산업이 어느 정도가 살아남을지 모릅니다.

2022년까지 독일의 항공회사 루프트한자가 존속할 수 있을 지조차 의심스럽습니다. 설사 살아남는다고 해도 축소되겠지요. 그리고 다른 산업에서도 똑같은 현상이 일어날 것입니다.

지금 진지하게 논의하지 않으면 안 될 것은 환경 위기와 경제 위기에 어떻게 윤리적으로 대처하느냐 하는 것입니다. 환경과 경제, 이 두 가지는 인류가 맞닥뜨리고 있는 진짜 위기이자 최대의 위기입니다.

인류는 바이러스로부터 교훈을 얻었습니다. 바이러스는 역설적이게도 윤리적 행동이야말로 문제의 해결책임을 가르쳐주었습니다. 세간에는 윤리적으로 올바른 행동을 취하는 것이 자신에겐 이익이 되지 않는다는 인식이 팽배해 있습니다. 다시 말해서 이타적인 행동만이 윤리적인 행동이라는 사고방식인데요, 이것은 대단히 해로운 생각이어서 부정할 필요가 있습니다. 윤리적 행동이 자신의 이익에 반反하는 것이라면, 사람들은 이렇게 생각하겠지요, "그렇다면 왜 윤리적으로 행동해야 한다는 거지?"

이 생각을 깊이 파고들면 경제와 윤리는 상반된 것이

라는 결론에 도달하지만, 그것은 마르크스주의적인 오해입니다. 그러니까 본질에 있어서 자본주의는 윤리를 공격하고 파괴하는 것이라는 오해입니다. 왜 그렇게 말할 수 있을까요? 자본주의의 인프라, 즉 시장 인프라를 이용해서 윤리적으로 올바른 일을 (예를 들어 실업자를 고용하거나 환경을 보전하는 일을) 하는 것도 가능하기 때문입니다. 자본주의의 인프라를 이용해 환경을 보전하는 것은 세계경제포럼이 말하는 '자연 긍정의 경제Nature-positive Economy'[8]입니다.

• 윤리적 가치와 경제적 가치는 완전히 같다

네이처 포지티브(자연 긍정의) 경제는 실현 가능합니다. 경제적 가치체계를 윤리적 가치체계와 일치시키면 되지 않을까요. 저는 이것을 '선善의 수익화收益化'라고 부릅니다.

선(착한 일)을 수익화할(이익으로 거두어들일) 수 있는데, 우리

---

8   자연 긍정 : 세계경제포럼은 2020년에 발표한 보고서 〈자연과 비즈니스의 미래〉에서 자연을 우선하는 '네이처 포지티브(Nature-positive)'한 비즈니스로 2030년까지 3억 9500만 명의 고용을 창출하고, 연간 10.1조 달러 규모의 비즈니스 기회가 예상된다고 서술했다.

는 왜 악을 수익화하는 걸까요? 착취가 최고의 비즈니스 모델 이라고 정한 사람은 누구일까요? 착취 모델은 전혀 좋은 모델 이 아니기에 지금도 붕괴하고 있습니다. 세계화에 대한 신자 유주의적[9]인 해석은 아프리카의 약자, 그리고 예전엔 중국과 인도 등의 약자에 대한 착취가 벌어졌던 것에 근거를 두고 있 습니다. 그렇지만 중국을 위시해 옛날에 약했던 나라는 이제 강해졌습니다. 중국은 지금도 많은 사람이 생각하는 만큼 강 하진 않다고 할 수 있지만, 그래도 이전보다는 확실히 강해졌 습니다.

지금 일어나고 있는 일은 모두, 노동을 아웃소싱(외부에 위탁)하는 방식으로 사람을 착취해서 시장 경제가 생겨났다는 그릇된 생각에 기반을 두고 있습니다. 독일의 풍요로움은 외 국의 공장 노동자를 착취하는 데서 이뤄진 것이지만, 이 방식 은 잘못되었습니다. 현재 독일이 직면한 경제 위기는 과거의 비윤리적인 행동이 초래한 결과라고 할 수 있습니다.

따라서 저는 윤리적 가치와 경제적 가치가 완전히 같 은 것이라는 생각을 이야기하고자 합니다. 경제적으로 좋은

---

9   신자유주의(Neoliberalism) : 시장원리를 중시하고, 규제 완화와 행정 민영화 를 추진해 경제 성장을 목표로 하는 사상.

것은 윤리적으로 좋은 것과 큰 차이가 없습니다. 윤리적으로 가치 있는 것과 경제적으로 가치 있는 것이 서로 달라서, 이득을 보기 위해선 반드시 남을 착취해야만 하는 시스템 — 그런 시스템이 나쁜 경제입니다. 윤리적으로 올바른 행동을 취한 결과로 돈이 모이는 경제 체제를 만들면 좋지 않을까요? 그것은 얼마든지 가능한 일이며, 반드시 그렇게 되도록 만들어야 한다고 생각합니다.

• 팬데믹에 대한 야멸찬 결단을 내린 스페인

이것이 팬데믹으로부터 얻은 가장 큰 교훈입니다. 위기에 맞닥뜨린 와중에도 독일은 다른 나라들과 비교해서 경제적으로는 잘 해내고 있는 편입니다. 그것은 독일이 윤리적으로 나은 결단을 내려왔기 때문입니다. 예를 들어 스페인은 아동을 포함한 모든 국민을 집 안에다 묶어놓았습니다. 사람들이 공원에 가는 것조차 금지했는데, 이것은 부도덕합니다. 아이들을 아파트 안에 가둬 놓는 것은 용납될 수 없는 일입니다. 그 결과 무슨 일이 일어났습니까? 경제의 파탄이었지요.[10] 스페인이 혼란스러운 상황에 빠진 것은 팬데믹과 싸우기 위해 너무나 많은 부도덕한 결단을 내렸기 때문입니다.

이에 비해 독일은 윤리적인 모델을 선택했습니다. 물론 좋지 않은 조치도 더러 있었지만, 대부분 윤리적으로 올바른 결단을 내렸다고 생각합니다. 독일의 록다운은 매우 완만했습니다. 식당은 비교적 빨리 다시 문을 열었고, 닫혀 있는 동안에도 숲속을 조깅한다든지 슈퍼마켓에서 장을 보는 것은 가능했습니다. 물론 마스크는 꼭 써야 했지만, 스페인이나 프랑스의 록다운과는 그 성질이 달랐습니다. 프랑스에서는 조깅조차 금지되었죠.

독일에서는 조깅도, 장보기도, 숲에서 친구와 만나는 일도 가능했습니다. 생활 전체가 숲으로 이동한 것과 같아서 사람을 만나고 싶으면 숲으로 갔습니다. 공기는 깨끗하고, 록다운 동안 날씨도 매우 좋았습니다. 독일이 마치 캘리포니아처럼 느껴졌습니다.

---

10   2020년 2월 16일 현재 예상된 2021년도 경제성장률은 스페인 5.0%, 독일은 11.2%였다.

한국이나 일본 역시 경제적으로 타격을 받았지만, 윤리적으로 올바른 결단을 많이 내렸습니다. 예를 들어 일본 사람들은 일찍부터 마스크를 썼고, 사회적 거리 두기를 지켰습니다. 바이러스에 대한 반응이기도 했지만, 그보다 본래 생활 습관의 일부였다고 하더군요. 그밖에도 윤리적으로 올바른 결단을 많이 내렸기에 이 나라들은 브라질 등 많은 나라가 걸어간 길(폭발적인 감염 확산)을 따르지는 않았죠. 저는 그렇게 생각합니다.

• 상호존중에 기반을 둔 비즈니스 모델

만약 저의 가설이 옳다면 세계의 경제 질서를 재검토하여 인류의 상호존중을 바탕으로 한 비즈니스 모델을 구축하고, 그 모델에 따른 유형 및 무형 재산의 교환이 실현될 수 있다고 생각합니다.

예를 들어 닌텐도는 아프리카의 빈곤한 아이들에게 게임기를 무상으로 제공하는 비즈니스 모델을 상상했습니다. 이 회사는 아주 멋진 비디오 게임을 생산하고 있죠. 독일에서 닌텐도 게임기의 가격을 10유로(약 13,400원) 정도 올린다고 가정합니다. 독일에서 얻은 이 10유로만큼의 추가 이익을 사용해 과연 몇 명의 아프리카 아이에게 닌텐도 게임기를 무상으로 제공할 수 있을까요? 이런 일을 한다면 닌텐도의 평판도 오를 것입니다. 세간에서는 아마도 이렇게 말하겠지요. "그래, 닌텐도는 좋은 기업이야. 닌텐도가 이렇게 좋은 일을 하다니!"

약간 가정을 바꾸어서 닌텐도가 독일에서 게임기의 가격을 15유로(약 20,100원) 올렸다고 가정해볼까요. 이런 경우, 추가 이익을 이용해 매년 아프리카에서 40만 명의 아이를 죽음에 이르게 한다고 일컬어지는 로타바이러스Rotavirus의 백신을 무료로 배포할 수 있다고 합니다. 이 정도의 자금이라면, 아마 아프리카에서 로타바이러스를 아예 박멸할 수 있지 않을까 싶기도 합니다. 만약 닌텐도가 정말로 이런 프로젝트를 진행한다면, 저는 당장 닌텐도의 제품을 사러 달려가겠습니다.

인간은 도덕적인 생물이라고 생각합니다. 윤리적 진보를 주장하는 미국의 전기 자동차 기업 테슬라가 성공한 요인 중 하나가 거기에 있지 않을까요. 저 개인적으로는 테슬라의 어필이 입발림에 지나지 않는다고 생각합니다. 실은 악랄한 기업이면서 윤리적인 기업을 가장하고 있다는 거죠. 페이스북도 마찬가지여서 윤리적 진보니, 자유니, 민주주의 같은 것을 표방하며 세계를 더 나은 곳으로 만들겠다고 약속했습니다. 구글도 그렇죠. 하지만 그럴 의도는 처음부터 없었기에 약속을 지키지 않았습니다.

그러나 진실로 윤리적인 기업을 상상해보십시오. 그런 기업이라면 팬데믹 이후의 세계에서 지속 가능한 비즈니스 모델로 큰 성공을 거두리라 생각합니다. 이것이 제가 바이러스로부터 얻은 가장 큰 깨달음 중 하나입니다.

• 추축시대 이후 가장 획기적인 의식혁명

미처 깨닫지 못한 사람도 있겠지만, 2022년이 지나면 인류는 완전히 달라져 있지 않을까 생각합니다. 추축시대樞軸時代, Axial Age 이래로 가장 큰 규모이자 획기적인 의식혁명이 일어날 것입니다.

추축시대가 무엇인지 아시나요? 약 3000년 전, 인류는 글로벌 의식을 지니게 되었고, 그것이 일종의 문명을 만들어냈습니다. 아시아에서는 불교가, 다른 지역에서는 기독교 등의 일신교와 그리스 철학이 탄생했죠. 이것이 바로 칼 야스퍼스Karl T. Jaspers[11] 같은 철학자가 도입한 추축시대라는 개념입니다. 새로운 시대의 개막을 알리는 의식혁명을 가리키는 거죠.

그다음에 일어난 의식의 획기적인 변화는 근대에 들어와서 생겼습니다. 구체적으로는 프랑스혁명에 의해 이뤄진 민주적인 법의 지배가 그때까지의 시스템보다도 우수한 통치 방법이라는 인식이 생겨나면서 새로운 시대로 접어든 것입니다. 그 이래로 우리는 민주적인 법 지배의 실현을 위해 싸워왔습니다. 그 후 전체주의에서 비롯된 반동도 있었지만, 그것은 또 다른 의식의 전환으로 이어지지 못했습니다.

그리고 지금, 세 번째 의식혁명이 일어나고 있습니다. 그것은 환경에 대한 의식의 변화입니다. 그리고 이 의식혁명의 방아쇠를 당긴 것이 바이러스이고요.

전 세계인이 이 팬데믹의 한가운데 놓여 있다는 의식

---

11   칼 야스퍼스(1883~1969) : 독일의 철학자이자 정신과 의사. 실존주의의 제창자 가운데 한 사람이다. 주요 저서로《정신병리학 총론》등이 있다.

을 지니고 있습니다. 또한, 동시에 세상이 돌아가는 속도가 줄어들고 있다는 신기한 감각에 빠져 있죠. 갑자기 모든 것이 느려졌다고 느끼는 것입니다. 우리는 한편으로는 바이러스를 두려워하면서 미래에 불안을 느끼지만, 다른 한편으로는 매우 긴장이 풀려 있는Relaxed 상태입니다. 이는 감염병이 확산하는 와중에 사람들이 느끼는 것으로 세계 어디에서나 마찬가지입니다.

이 감각은 대자연의 자기표현이라고 생각합니다. 그러니까 자연이 바이러스를 통해 우리에게 메시지를 보내고 있다고 말이지요. 우리 인간도 동물이고 자연의 한 부분이니까, 자연이 우리에게 호소하고 있는 겁니다. 멈추지 않으면 안 된다고. 저는 바이러스가 지구의 면역 반응이라는 생각이 듭니다. 인간이 복잡한 생태계를 자꾸만 파괴하니까, 생태계가 반격하고 있는 것입니다.

자연은 '살아남으려는' 것 외에는 다른 의지가 없습니다. 지성적이기는 하지만 복잡한 사고는 하지 않죠. 동아시아에서는 종교적으로 이러한 사고방식을 받아들이기 쉽지 않을까 생각합니다. 불교를 비롯해 일본의 신도神道는 서구의 일신교보다 훨씬 이러한 자연관에 가까우니까요. 서구의 일신교에서 자연은 지성적이 아니라 우둔합니다. 도대체 왜 그렇게 생각할까요? 2000년 전까지만 해도 인류는 그런 생각을 하지 않았죠. 그보다 앞선 20만 년 동안, 자연은 주체라고 여겼습니다. 인간처럼 의식을 지닌 주체가 아니더라도, 어쨌든 주체로 다루었습니다.

그리고 지금, 자연이 주체라는 사고방식을 부활시켜야 합니다. 저는 그렇게 생각합니다. 자연이 주체가 되면 인류에 공통된 이 의식은 자연의 의사표시로도 받아들여질 것입니다. 인류는 지금 갈림길에 서 있습니다. 윤리적인 행동을 취하지 않으면, 현대 문명은 절멸합니다. 선주민先住民, Indigenous People, 그러니까 원래 그 지역에 살던 원주민들은 살아남을 것으로 생각하지만 말입니다.

콜롬비아라는 나라가 성립되기 전부터 그 땅에서 살아온 '코기족The Kogi'으로 불리는 선주민들과 교류가 있었는데, 그들은 무척 재미있습니다. 인구를 따지자면 선주민 코기족만도 3만 명, 인접한 다른 민족과 합치면 10만 명 정도입니다. 이 사람들은 앞으로도 살아남을 것입니다.

그러나 소위 현대 문명은 앞으로 100년 안에 멸망할지도 모릅니다. 인류의 과학기술이 깡그리 소멸할지도 모릅니다. 우리는 현대 기술과 과학을 지닌 코기족처럼 살거나 (즉 코기족의 디지털 버전이 되거나), 아니면 절멸할지도 모르는 갈림길에 서 있습니다. 이는 인식의 변화가 요구되는 예시입니다. 많은 사람은 아직 사태를 파악하지 못했을지도 모르지만, 언젠가 깨달을 것입니다. 깨닫지 못하면 절멸하기 때문입니다. 인류는 참으로 극적인 상태에 처해 있습니다.

• 신자유주의의 종언

앞서 클라우스 슈밥 등의 《그레이트 리셋》이라는 책을 소개했는데, 놀랍게도 세계경제포럼은 저와 완전히 같은 생각을 하고 있습니다. 이 책에는 신자유주의가 드디어 끝날 것이라고 쓰여 있습니다. 비즈니스계의 뛰어난 전문가들도 이처럼 인식을 같이하고 있다는 뜻이지요.

신자유주의(네오 리버럴리즘) 질서는 세계화를 해석하는 한 가지 방식입니다. 세계화라는 것은 주권국가 위에, 즉 법 제도 위에 유통시장이 존재한다는 생각입니다. 필경 노벨상을 받아도 부끄럽지 않을 법한 시카고학파[12]나 하버드대학의 행동경제학[13] 같은 신자유주의 경제론에 근거를 두는 시장 경제입니다.

어째서 이런 것이 신자유주의인가 하면, 인간은 기본적으로 이익에 관심이 있고, 가능한 한 이익을 손에 넣는 편이 합리적이라고 생각하기 때문입니다. 그렇다면 이익이란 대체 무엇입니까? 그것은 이 이론으로는 정의할 수 없습니다. 왜 최대한 돈을 얻으려고 애쓰는 것만이 이익일까요? 당연히 이 이론에는 '이익은 곧 경제력의 양적 증가'라는 전제가 깔려 있습니다. 왜 경제력의 증가가 인류의 행동 동기가 되는지는 모르지만, 이 전제는 시장 모델과 수학적 모델에 녹아들어 있습니다.

신자유주의 경제이론의 수학 모델은 1989년 이후로,

---

12   시카고학파 시카고 대학에서 교편을 잡은 프리드리히 하이에크(1899~1992), 밀턴 프리드먼(1912~2006)을 중심으로 탄생한 경제학파. 정부의 정책은 경제적 자유주의의 입장에 서서 통화공급량의 조절에 의해서만 이뤄져야 하며, 그 이외의 정부에 의한 경제 정책은 바람직하지 않다고 주장한다.

13   행동경제학 인간의 직감이나 심리적 측면에 기반을 두고 분석하는 경제학. 반드시 합리적이라고는 말할 수 없는 인간의 경제 행동에 착안했다. 대표적인 학자로 대니얼 카너먼(1934~) 등이 있다.

비유컨대 '세계화의 소프트웨어'가 되었습니다.

가령 칠레는 이전부터 이미 신자유주의를 추진해왔습니다. 마침 저는 어젯밤 1970년대를 배경으로 하는 흥미로운 영화를 보았습니다. 1977년부터 1978년에 걸쳐 독일에서 일어났던 좌익 테러에 관한 영화입니다. 이 테러의 배경에는 갖가지 요소가 있었는데, 독일이 칠레에서 벌인 일에서 그중 한 가지 요소를 발견할 수 있습니다. 바이에른주 정부는 칠레의 피노체트Augusto José Ramón Pinochet Ugarte[14]를 매우 적극적으로 지지했었습니다. 그런데 피노체트는 반체제 인사들에게 고문을 가했던 강제수용소에서 신자유주의 모델을 이용해 그들의 행동 데이터를 수집했죠. 말하자면 피노체트의 강제수용소는 구글의 초기 버전과 같은 곳이었습니다.

이렇게 되자 독일에서는 일부 사람들이 테러를 일으켜서라도 항의할 수밖에 없다고 생각했습니다. 신자유주의가 대두하기 전이었던 이 시대는 매우 흥미로워서 최근에 다시 주목받고 있습니다. 이것은 레이건이나 대처 등이 활동하던 때보다 앞선 시대입니다. 그리고 1989년에는 신자유

---

14   아우구스토 피노체트(1915~2006) : 칠레의 군인 겸 독재자. 1973년 쿠데타를 일으켰고, 이듬해 대통령으로 취임. 이후 1990년에 대통령직을 사임할 때까지 독재 체제를 유지했다.

주의 경제가 냉전에 승리했다고 다들 생각했습니다. 그때는 신자유주의가 객관적으로 인류사의 올바른 해석처럼 보였습니다. 프랜시스 후쿠야마Francis Fukuyama는 이것을 '역사의 끝'이라 표현했었죠.

그로부터 30년간 우리는 실제로 역사가 끝난 것처럼 행동했습니다. 인류는 지구촌 전역을 아우르는 공간에서 재산을 교환하게 되었고, 세계화는 자유와 민주주의를 가져왔다고 생각했습니다. 그러나 세계사를 보면 그것이 착각이라는 것을 알 수 있습니다. 여기저기서 전쟁이 벌어지고, 중국과 러시아가 대두되고, 바이러스가 창궐했잖아요. 신자유주의적인 해석은 잘못되었습니다. 또한 신자유주의 경제가 초래한 부는 팬데믹과의 싸움으로 완전히 사라지고 말았습니다.

세계화의 신자유주의적 해석이 환경을 파괴하고 막대한 피해를 가져왔음을 생각하면, 신자유주의 경제가 만들어낸 부보다도 그것이 파괴한 부가 더 컸다고도 할 수 있습니다. 이런 나쁜 경제 모델을 고집할 이유가 어디 있겠습니까. 새로운 경제 모델이 필요합니다. 세계사는 이미 신자유주의를 부정했습니다.

그리고 인류는 더욱 연계하며 손을 잡을 필요가 있습니다. 그렇게 하면 세계화를 실현하고, 전 세계적인 규모로 의견을 주고받으며 사람과 사람이 교류할 수 있습니다. 이런 것들이 아주 중요합니다.

다만 이 프로세스의 속도를 줄일 필요는 있다고 생각합니다. 무엇이든 빠르다고 해서 좋은 것이 아니니까요.

앞에서 언급한 콜롬비아의 선주민 코기족이 런던을 방문했을 때의 모습을 BBC가 기록한 흥미로운 다큐멘터리 두 편이 있습니다. 그들이 탄 차가 터널을 지날 때, 그들은 기사에게 묻습니다. "왜 여기 터널을 만들어놓았습니까?" 그러자 영국인 운전기사가 대답합니다. "좀 더 빠르게 목적지에 도착하기 위해서 만들었죠." 그러자 그들은 이렇게 대꾸합니다. "거참, 어리석군요. 기껏 30분 일찍 맨체스터에 도착하기 위해서 산을 망가뜨리다니." 네, 30분이 더 걸리더라도 산을 깎아내서는 안 되었을지 모릅니다. 가능한 한 빨리 목적지에 도착하는 것을 효율적이라 생각하는 것은 잘못이 아닐까, 이동 속도가 너무 빠르지 않을까, 하는 생각을 하게 됩니다.

세계화는 필요합니다. 그 자체를 부정하지는 않습니

다. 하지만, 세계화에 대한 인식을 바꿀 필요가 있습니다. 저는 세계화를 비판하는 것이 아닙니다. 지금 일어나고 있는 세계화의 방식을 비판하는 것입니다.

● 오히려 미국인은 다양성에 약하다

보편적인 윤리에 기반을 둔 행동을 하기 위해서는 인류가 더욱 연계해야 합니다. 그러나 유감스럽게도 현재 인류는 그러한 연계가 불충분하여 많은 분단이 발생했습니다.

"인류에게는 보편적인 윤리 가치가 있다." 저는 이렇게 생각해 인류의 단결을 강조했습니다. 하지만 코로나19를 둘러싼 국제적인 단결은 거의 보지 못했습니다. WHO가 팬데믹 선언을 한 지 한 달 뒤, 유엔 안전보장이사회에서는 미국과 중국이 대립했습니다.

미·중 문제에는 여러 측면이 있지만, 다른 문화와 다

른 가치관에 의한 분열이 생기면 윤리적 문제 해결을 이루지 못합니다. 왜냐하면 '신실재론New realism'[15]의 관점에서 보면 모든 인류는 지구라는 같은 행성에 속해 있다는 포괄적인 현실이 존재하고, 우리는 말 그대로 '운명공동체'이기 때문입니다. 중국도 미국도 윤리적인 문제에 올바르게 대처하는 일도 있지만, 그릇된 대처를 할 때도 있습니다. 미국이든 중국이든 보편적인 윤리 가치에 기반을 두어서 행동하는 것이 아니므로 서로 대립하는 겁니다.

　미·중이 해야 할 일, 아니 우리 인류가 해야 할 일은 서로 소통하며 절충하는 것입니다. 미국 사람들이 안고 있는 문제는 그들이 문화적으로 이질적인 것을 전혀 모른다는 것입니다. 이미 널리 알려진 사실이지요. 그들은 자신들의 정치 시스템이 보편적 가치를 바탕으로 만들어졌다고 착각하고 있습니다. 실제로는 보편적 가치가 아니라 매우 미국적인 가치를 바탕으로 했음에도 불구하고 그것을 조금도 모

15　신실재론 : 가브리엘이 제창한 신실재론은 두 가지 테제로 이뤄진다. 하나는 '온갖 범주를 포섭하는 단일 현실은 존재하지 않는다' 즉, '세계는 존재하지 않는다'라는 주장이다. 현실은 '의미의 장'이라 불리는 장소에 나타난다. '의미의 장'은 복수 존재하며, 각각의 영역은 다르더라도 모두 평등하게 현실이 된다. 예를 들어 다양한 숫자나 페르미 입자, 보스 입자, 비디오 게임, 일본 문화, 이것들은 각각 의미의 장에 나타난다. 두 번째 테제는 '우리는 현실을 그대로 알 수 있다'는 주장이다.

르고 있습니다. 미국인들에게는 문화적으로 이질적인 것의 존재를 인식하기가 매우 어렵습니다. 그들은 문화적인 차이를 무척 가볍게 여기고 있는 것이지요. 자신들의 나라에는 문화적 다양성이 있다고 생각하지만, 실제로는 그런 다양성이 존재하지 않습니다.

아프리카계 미국인이 있다고 해서 '문화적 다양성'이 존재하는 것은 아닙니다. 그들은 그냥 미국인입니다. 인도계 미국인도 그냥 미국인입니다. 미국 원주민들도 마찬가지입니다. 미국에는 미국인밖에 없습니다. 그 밖의 사람들은 방문자입니다. 방문자가 조금 다른 억양으로 영어를 말한다 해도, 그게 문화적으로 이질이라는 것을 깨닫지 못합니다. 아는 거라곤 그저 억양의 차이뿐이지요. 그러나 그들은 이미 다양한 영어 억양에 익숙해져 있어서, 진정한 의미의 '이질적인 것'을 보지 못합니다.

음식을 예로 들어볼까요. 미국 사람들은 샌프란시스코의 한식 레스토랑을 '한국의 레스토랑'이라고 생각할 것입니다. 하지만 그곳은 한국의 레스토랑이 아니잖아요. 중국인이나 태국인 등 한국인이 아닌 요리사가 있습니다. 또설사 셰프가 한국인이더라도 한식 '같은' 음식을 제공하는 것에 지나지 않습니다. 그럼에도 미국 사람들은 한식 레스토랑이라고 해서 다문화적이라고 생각하겠지요. 멕시코 요리도 마찬가지입니다. 미국에는 진정한 의미의 멕시코 요리가 없습니다. 미국에 있는 것은 멕시코 요리 같은 음식이지, 진짜 본고장의 음식이 아닙니다. 이처럼 미국인은 문화적으로 이질적인 것을 이해하고 있다고 생각하지만, 미국에는 문화적 다양성이 존재하지 않습니다. 오히려 그들은 다양성에 대단히 약합니다.

반면 중국 사람들은 어떨까요? 중국인들은 다른 문화를 지배하기 위하여 문화적으로 이질적인 것의 연구에 아주 특별한 재주가 있습니다. 그들은 공산주의자이므로 이질적인 것에 대한 이해를 비윤리적으로 이용합니다. 중국은 지극히 높은 수준의, 매우 똑똑한 공산주의 독재국가입니다.

중국은 인종차별적인 사상을 바탕으로 성립되어 있습니다. 한漢민족이라는 개념부터가 매우 인종차별적이고, 비윤리적인 개념입니다. 흥미로운 것은 말이죠, 미국인들은 자신들이 차별주의에 반대한다고 믿고 있지만 실제로는 차별주의가 만연해 있으며, 중국인들은 누가 봐도 명백한 차별주의자라는 사실입니다. 이러한 두 국가가 접촉하게 되니

격렬하게 대립할 수밖에 없는 것입니다.

• '신실재론'과 포스트모더니즘

　　같은 방식으로 지금의 그리스와 터키의 상황을 살펴보도록 하겠습니다. 터키는 이슬람 국가의 역할을 펼치고 있지만, 실제로는 그렇지 않습니다. 터키가 이슬람 국가라는 것은 완전히 판타지임에도 불구하고, 박물관을 모스크로 바꾸는 식의 모습을 보여줍니다. 그리스는 또 그리스대로 전혀 다른 배경을 지니고 있습니다. 지금 우리가 목격하고 있는 것은 보편적 가치가 존재한다는 생각에 대한 저항이라고 생각합니다. 한마디로 '신실재론'의 정반대인 포스트모더니즘입니다.

　　저는 미국이 완전히 포스트모더니즘 국가라고 생각합니다. 정권도, 소셜 미디어도, 텔레비전의 리얼리티 방송도, 모두가 포스트모던한 분위기에 싸여 있습니다. 가짜 뉴스와 대안적 사실Alternative Facts, 진실 따위는 아무래도 좋다는 분위기, 거침없는 정체성 정치Identity Politics[16] 등 모두가 그렇습니다. 이런 나라가 지금 중국과 대립하고 있습니다. 이 대립은 물론 경제에 영향을 주는데, 지금은 확실히 미국이 밀리고 있는 것처럼 보입니다. 지금 일어나고 있는 대립은 여태 미국이 싸운 적이 없는 수준, 즉 사상의 수준에서 일어나고 있기 때문입니다. 이건 순수한 경제적 대립이 아니라는 얘기죠.

• 글로벌한 '우애의 정치'

그렇다면 인류는 어떻게 글로벌한 협력체제를 구축하면 좋을까요?

가령 미·중 관계를 예로 들어보겠습니다. 이 경우 미국과 중국을 뺀 다른 나라들이 글로벌 협력체제를 구축하고, 그 체제가 미국과 중국의 패러다임이 되면 좋겠습니다. 다른 나라들이 협력체제를 만들지 않으면, 글로벌 협력이

---

16   정체성 정치 : 인종과 정치, 민족, 성적 지향, 젠더, 장애 등의 정체성에 근거를 두어 집단의 이익을 대변하는 정치적 주장 및 행동.

필요하다고 해서 그 두 나라를 설득할 순 없을 테니까요.

만약 EU와 일본이 아프리카를 대등한 존재로 간주하는 아프리카 전략을 만들었다고 가정해볼까요. 그러니까 아프리카를 착취하려 하지도 않고, 개발도상국이라고도 생각지 않는 겁니다. 아프리카를 인류의 일부로 받아들이는 겁니다. 대단한 일입니다. 아프리카를 대등한 파트너이자 친구라고 생각하면, 지금까지와 다른 형태의 협력 관계가 만들어질지도 모릅니다.

그렇게 되면 바로 윤리적 경제의 우위성이 시험대에 오릅니다. 중국은 이미 아프리카에 진출했기 때문이지요. 재미있는 실험이 될 겁니다. EU와 일본이 아프리카 여러 나라에 중국보다 훨씬 좋은 협력 모델을 제시한다면, 아프리카에서 중국의 영향력을 배제할 수 있을지도 모릅니다.

이처럼 저는 글로벌 협력의 가능성이 아주 크다고 생각합니다. 그러나 그것은 보편적인 윤리관에 근거를 둔 협력이 아니면 안 됩니다. 그 외에 국제사회의 협조는 불가능합니다.

철학자 데리다Jacques Derrida[17]는 이것을 '우애의 정치학 Politique de l'Amitié'이라고 불렀습니다. 지금 제가 제안하는 것은 철학과 비즈니스와 정치 사이의 우애도 포함한 글로벌 '우애의 정치'입니다. 각각의 세계가 서로를 깎아내려서는 안 됩니다.

17　　자크 데리다(1930~2004) : 프랑스의 철학자. 포스트 구조주의의 사상가. 서양 철학의 로고스 중심주의와 연결 지은 음성중심주의의 극복을 목표로 '탈구축'을 주장했다. 저서로《에크리튀르와 차이》등이 있다.

• 독일의 코로나 대책은 옳았을까?

코로나 팬데믹으로 이야기를 되돌리도록 하겠습니다.

지금 이 시점(2020년 8월 27일)에서 저는 코로나 팬데믹에 대한 독일의 전략이 꽤 괜찮았다고 생각합니다. 결점도 있었지만, 개인적으로는 대부분 합리적인 대응이었다고 봅니다. 독일이 취한 봉쇄는 느슨해 비교적 빠르게 비즈니스가 재개되었습니다. 독일의 대책은 무척 효과적이었다고 할 수 있겠지요.

그러나 문제도 있습니다. 내셔널리즘(국가주의)이 대두되고, 이데올로기가 중시되면서 민주주의를 좀먹는 움직임이 나타났습니다.

예를 들어 코로나바이러스에 관한 시위입니다. 아시아 지역에도 보도됐는지 모르지만, 독일에서는 마스크 착용에 반대하는 사람들이 제법 많았습니다. 반드시 마스크를 쓰고 싶지 않다고 말하는 것이 아니라, 반드시 착용하라고 강제하는 법률에 반대했던 것입니다. 그리고 이런 시위에 참여했던 사람들 가운데는 음모론자와 극우파 등 제가 생각을 따라잡지 못하는 사람도 있습니다. 그들은 이해하기 힘든 주장을 외칠 뿐 아니라 분쟁을 일으키기도 하지요. 민주주의 사회에서 마스크를 착용해야 하느냐 마느냐를 두고 논의하는 것은 전혀 상관없지만 말입니다.

마스크를 반드시 착용해야 한다는 저의 생각은 우리 사회 대다수의 생각이 아니라 매우 독특한 '소수의 의견'이라는 말을 들을 수도 있을 것입니다. 취재 의뢰가 아주 많이 들어와서 매일같이 취재에 응했는데, 사람들이 저의 인터뷰를 보거나 책을 읽어주는 것은 제가 요즘 세상에서 일어나는 일에 대하여 독특한 시각을 제공하고 있기 때문이라고 생각합니다.

제가 지닌 시점은 반드시 비판적인 것이 아닙니다. 비판적인 시점은 올바른 일과 올바르지 않은 일을 구별하지요. 그러나 독일에서는 자국의 전략을 최고의 전략이라 칭송하는 것, 아니면 반대로 최악의 전략이라고 깎아내리는 것, 둘 중 하나가 대부분입니다. 하지만 실제로는 최고의 전략도, 최악의 전략도 아닙니다. 그저 평범한 전략입니다. 그러나 평범한 전략은 양극단을 피했다는 의미에서 최선의 전략일 수도 있다고 생각합니다.

윤리라는 관점에서 보았을 때 중요한 것은 컬래터럴 대미지Collateral Damage, 그러니까 부수적 피해입니다. 록다운, 마스크, 사업장 폐쇄 등의 조치로 인해 얼마나 많은 부수적 피해가 생길까? 이러한 조치로써 얻는 것은 무엇이고, 잃는 것은 무엇인가? 독일에서 벌어지고 있는 논의의 약점이 바로 이런 질문들입니다. 지금 독일에서 부수적 피해의 중요성을 공공연히 지적하는 사람은 저 외에 두 명 정도밖에 없을 겁니다. 이것이 독일의 약점입니다.

지금 우리가 반드시 논의해야 할 주제는 부수적 피해입니다. 윤리적 관점에서 비교해야 할 것은 바이러스 대책을 취하지 않았을 때 사망했을 사람의 수와 대책을 취했을 때 실제로 사망한 사람의 수입니다.

또한 경제를 생각하는 것은 나쁘지 않습니다. 독일에서는 경제가 어떻게 될까, 걱정하는 것은 비윤리적이라고 생각하는 사람이 많습니다. 그렇지만 돈이 없고, 병원도 없다면 어떻게 되겠습니까? 병원이 없으면 모두 죽습니다. 그러니 돈도, 병원도 당연히 필요합니다. 즉 경제에 가해지는 타격이 너무 큰 조치는 비윤리적인 셈입니다. 그러므로 각각의 조치가 경제에 미치는 영향을 조사해야 하는데, 아무런 데이터도 없습니다.

만약 데이터가 있다면 지금까지의 조치가 잘못되었다는 것이 증명될지 모릅니다. 수치를 보면 지금까지의 조치로 인해 이익보다도 피해가 더 컸다는 것이 드러날 수도 있겠지요.

나아가 바이러스 대책이 장기적으로 사회에 어떤 영향을 주었는가, 하는 부분도 고려해야 합니다. 앞에서 서술했듯이 사람들의 의식이 달라졌습니다. 혹시 인류가 행동을 바꾸어 더욱 지속 가능한 경제가 실현된다면, 결과적으로 그것을 바이러스 대책의 성과로 간주하는 것도 가능합니다.

아무튼, 복잡한 통계 정보를 가능한 한 빨리 입수하여 앞으로 나아갈 방향을 논의해야 합니다.

• 독일의 'AHA' 전략

지금까지의 대책이 모두 잘못되었을 가능성도 검토할 가치가 있습니다. 윤리적으로 볼 때 마스크를 착용하는 것 이외에 적절한 대책은 전혀 없었다고 하지요. 만약에 그렇다면, 독일이 실시하려고 하는 'AHA 전략'은 올바른 전략이라는 뜻이 됩니다.

AHA는 독일어로 거리, 위생, 마스크를 가리킵니다. 'aha'는 무언가를 발견한 순간에 터져 나오는 소리, "아, 그래, 맞아, 알겠어!"라는 의미를 지니는 말이기도 합니다. 그래서 'AHA 전략'이라는 명칭은 괜찮다고 생각합니다. 그리고 저도 이것이 올바른 전략이라고 믿습니다.

AHA 전략은 기본적으로 동아시아 국가들이 지금까지 해온 것과 같다고 생각합니다. 거리, 위생, 마스크. 단지 그뿐입니다. 물론 병원의 인공호흡기 수를 늘리거나, 집중치료체제를 개선할 필요는 있습니다만. 병상의 숫자에 있어서 가령 일본은 다른 나라들을 앞서고 있다는 글을 어디선가 읽은 것 같습니다만, 정확하지는 않습니다.[18] 어찌 됐든 다른 나라들보다 적지는 않겠지요. 큰 규모의 모임도 별로 열리지 않는다고 들었습니다. 그렇다면 경제를 위해서 다음으로 생각하지 않으면 안 될 일은 대체 몇 명까지의 모임이라면 안전하게 개최할 수 있을까 하는 것이겠지요.

또한 FFP 마스크[19]처럼 안전하지만 좀 더 편한 신형 마스크를 개발할 필요가 있습니다. 이런 마스크가 있다면 큰 회의도 재개할 수 있거든요. 마스크는 바이러스 대책으로 매우 효과적입니다. 즉 취해야 할 대책은 품질 좋은 마스크를 이용한 AHA 전략뿐일지도 모릅니다. 매우 효율이 높고 비용이 낮은 대책입니다.

---

18   2017년 기준 일본의 인구 1000명당 병상 수는 13.1로 선진국(OECD 가맹국) 평균인 4.7을 크게 웃돈다. 단, ICU(집중치료실) 및 ICU에 준하는 기능을 지닌 병상 수는 인구 10만 명당 13.5개(2020년 후생노동성 자료 참조)로 그리 많지 않다.

19   FFP 마스크 : 미세입자 차단율이 94% 이상인 중간 성능 마스크. 이에 비해 FFP3 마스크는 미세입자 차단율 99% 이상의 고성능 마스크를 가리킨다.

• 통계적 세계관 가운데 최악의 버전

현재 코로나19에 관한 과학자들과 바이러스학 전문가들의 견해가 각국의 정치적 결단에 큰 영향을 미치고 있는데, 이것은 지극히 위험한 경향일 수 있습니다.

인간의 윤리와 복리에 있어서 통계적 세계관은 가장 큰 위협 중 하나라고 느껴지거든요. 근대사를 보면 먼저 물리학이 그렇게 얘기했습니다. 우주는 결정론적이기 때문에, 인류는 자유롭지 않다고 말입니다. 그러나 이것은 양자역학 등에 의해서 부정되었지요. 이어서 신경과학이 등장해, 뇌가 인간의 전부라고 말했습니다. 하지만 이것도 부정되었습니다. 그런 학설은 논외입니다. 그리고는 세 번째로 인공지능AI이 출현했습니다. 최근까지 인공지능 탓에 인류는 자유롭지 않다고 여겨졌습니다. 인공지능이 인간보다 더 뛰어나고 똑똑하다는 둥, 말이 많았습니다.

그리고 지금, 통계적 세계관 중에서도 최악의 버전이 출현했습니다. 바이러스 학자가 정치가가 되고 만 것이지요.

이것이 왜 위험할까요? 그 이유를 말씀드리겠습니

다. 치과의사에게 묻는다고 해보죠. "초콜릿을 먹어야 할까요?" 그러면 치과의사는 직업상 대답할 것입니다. "초콜릿은 결코 먹어서는 안 됩니다." 간 전문의에게 "술을 마셔야 할까요?"라고 물으면, 그는 자신의 관점에서 "절대 마셔서는 안 돼요"라고 말할 겁니다. 간 전문의를 어떤 나라의 총리로 삼아 정책을 결정하도록 할까요? 만약 그렇게 된다면 음주 문화가 없어질 테니 총리가 되어서는 안 될 겁니다. 치과의사를 초콜릿 공장에 일하도록 해야 할까요? 만약 그렇게 된다면 공장이 폐쇄될 테니 그렇게 해서는 안 될 겁니다.

마찬가지로 바이러스 학자에게 이렇게 물어보세요. "어떻게 바이러스와 싸워야 합니까?" 그러면 그는 이렇게 대답할 겁니다. "집에 틀어박혀 결코 누구와도 만나지 않고, 성관계도 해서는 안 됩니다." 바이러스 학자의 말을 곧이곧대로 들으면 인류는 절멸할 겁니다. 따라서 그의 말을 들어서는 안 됩니다.

그렇지만 바이러스 학자는 의사결정에 결코 빠져서는 안 될 정보를 갖고 있습니다. 바로 바이러스에 관한 정보죠. 저는 전문가가 아니므로 바이러스에 대해 아무것도 모릅니다. 하지만 바이러스 학자는 바이러스를 잘 알긴 해도,

어떤 정책을 취하면 좋을지는 전혀 모릅니다.

독일의 정세를 놓고 생각하자면, 바이러스 학자는 역사상 최악의 지식인입니다. 물리학자도 그랬습니다만. 스티븐 호킹은 물리학자로서는 뛰어났을지 모르지만, 역시 지식인으로서는 비참했습니다. 마찬가지로 리처드 도킨스는 뛰어난 생물학자였을지도 모르지만, 역시 지식인으로서는 틀렸습니다.

그러나 제가 아는 한, 최악의 지식인은 바이러스 학자입니다. 사회적 사상가로서는 전혀 쓸모가 없습니다. 연구 대상이 바이러스라고 하는, 지능도 없는 것이기 때문이지요. 동물이나 식물을 연구하는 생물학자 쪽이 지식인으로서는 그나마 나을지도 모르겠습니다.

따라서 감염병 학자의 통계 모델은 형편없다고 생각합니다. 그들이 만든 컴퓨터 모델의 전제를 보면 어디서부터 비판해야 좋을지 모를 정도입니다. 그런데 이 모델이 지구 전체의 경제를 좌우하고 인간의 행동을 결정하고 있습니다. 왜 이런 사태가 벌어졌을까요? 이미 언급했듯이 바이러스와 싸우기 위해서는 바이러스학 지식이 필요하지만, 바이러스 학자가 전략을 세우도록 해서는 안 됩니다. 의뢰할 상대의 전문분야를 잘못 짚은 것이죠.

• 통계상 중요시해야 할 데이터란?

통계수치를 다룰 때는 단단히 주의해야 합니다. 저는 항상 사망자 수가 가장 중요하다고 생각했습니다. 독일의 사망자 수는 일관적으로 낮고, 과거 7~8주 동안 하루에 15명 이하의 수준을 유지했습니다(2020년 8월 27일 현재). 거기서 전혀 늘지 않고 있습니다. 드러난 확진자 수는 증가하고 있습니다. 그러나 그것은 감염이 확대되고 있다는 의미일 수도 있지만, 검사 수가 늘었기 때문일 수도 있습니다. 어느 쪽인지는 모릅니다. 독일에서는 최근 이틀간, 확진자 수가 증가한 것이 단순히 검사 수가 늘었기 때문이라는 이슈를 주제로 토론이 벌어졌습니다. 정답은 아무도 모르지만, 사망자 수가 늘어나지 않은 것은 확실합니다.

생각할 수 있는 한 가지 설명은 지금 젊은 사람들의 감염이 늘고 있다는 것입니다. 그러나 어떻게 설명하든 중요한 것은 사망자 수와 중환자실의 병상 수라고 생각합니다. 그리고 그 두 가지 중 더욱 중요한 걸 고르라면, 사망자 수입니다. 사람들이 죽기를 바라지 않기 때문입니다. 사망자 수를 근거로 취해야 할 대책을 정한다면 그 이외의 데이터는 필요 없습니다. 그리고 현재 사망자 수가 낮은 것을 생각하면 근본적인 대책을 검토할 필요는 없습니다.

감염률 같은 것은 아무래도 상관없지 않을까요? 제가 감염되었다 하더라도 증상이 없다면, 공짜로 면역을 높이고 있는 것이니 괜찮습니다. 바이러스 학자인 친구는 집단면역을 달성하기 위해 오히려 감염자를 늘려야 한다고 말합니다. 사망률이 낮으므로 더욱 감염자를 늘리는 편이 좋다고요.

집단면역에 도달할 수 있다면 그게 가장 좋겠지요. 그건 확실합니다. 백신이 보급되기 전에 낮은 사망자 수를 유지하며 집단면역을 달성했다고 칩시다. 대단하지 않습니까? 무료로 면역을 얻을 수 있다니, 최고의 방법 아닙니까. 그러나 집단면역이 실제로 달성 가능한 목표인지는 알 수 없으므로, 집단면역은 최선의 전략이 아닐지도 모릅니다. 어느 쪽이든 집단면역은 중요합니다. 백신이 있다고 하더라도 말입니다.

원래 백신의 목적은 집단면역을 촉진하는 것입니다. 바이러스를 완전히 박멸하는 것은 누구도 진지하게 생각하고 있지 않습니다. 백신이 개발되어 이뤄지거나, 자연히 이뤄지거나, 어느 쪽이든 집단면역은 꼭 필요합니다. 애당초 백신이 집단면역을 목표로 한다는 사실을 잊은 사람도 있습니다. 다시 말씀드리거니와, 집단면역이 유일한 전략입니다. 그 이외의 전략은 불가능하지 않습니까? 거리를 깨끗하게 한다고 해서 바이러스가 사라지는 것이 아닙니다. 그런데도 마치 거리를 깨끗하게 하면 바이러스가 없어진다고 생각하는 사람들이 많은 것 같습니다.

• 통계는 행동경제학의 '넛지'를 행하기 위한 도구

현재 언론에서는 매일 확진자 수를 발표하고 있습니다. 저널리스트는 데이터 전문가가 아니므로 언론이 연거푸 숫자만 보도하는 것은 애당초 잘못되었다고 생각합니다. 언론은 자신들이 무엇을 보도하고 있는지 알지 못하고, 대중도 어떤 정보를 얻고 있는지 알지 못하니까요. 세간을 향해 제멋대로 해석된 숫자, 불확실해서 일반인에게는 의미가 없는 숫자를 보도하는 것은 쓸데없는 오해를 불러올 뿐입니다. 언뜻 좋은 것처럼 보일 수도 있지만, 사람들에게 뜻도 모르는 숫자를 전하는 것은 커다란 잘못이라고 생각합니다.

예를 들어볼까요? 안전운전을 장려한답시고 매일 밤 교통사고가 난 숫자나 사고가 일어난 원인의 물리학적인 설명, 가속이나 도로의 상태에 관한 양자역학의 표를 발표한다고 합시다. 그런 정보를 받아서 대체 무슨 도움이 되겠습니까? 일반인은 양자역학의 표 따위는 이해하지 못합니다. 그런 정보에는 관심도 없을 뿐 아니라, 필요도 없습니다.

시시각각 변하는 통계를 보여주는 것도 그릇된 일입니다. 사람들을 두렵게 만들 뿐입니다. 불안정한 상황에 놓여 있으므로, 일반 사람들은 오히려 알고 싶지 않을 것입니다. 따라서 숫자의 보도는 바로 그만두는 편이 좋습니다. 대체 그런 숫자가 왜 필요합니까? 암 환자가 몇 명 생겼는지, 매일 보도하던가요?

매일 저녁 텔레비전에서 이런 보도를 한다고 생각해 보세요. "오늘은 폐암으로 78명이 사망했으며, 어제는 84명이 사망했습니다." 어떻습니까? "우리나라의 폐암 환자 수는 매우 적으므로 우리나라에는 훌륭한 폐암 대책이 실행되고 있습니다"라고 홍보하는 것은 참으로 어리석지 않습니까.

그런데 지금 우리가 바로 그런 짓을 하고 있습니다. 완전히 질 나쁜 농담과 다를 바 없지요. 누가 이런 짓을 생각해냈는지 모르겠지만, 이것은 인간의 병리입니다.

무언가를 결정할 때 숫자가 필요하긴 하지만, 숫자에만 의지하는 것은 잘못된 일입니다. 숫자는 하나의 정보에 지나지 않으니까요.

왜 숫자에만 의지하면 안 되는지를 설명해보겠습니다. 예를 들어 배가 고플 때 시카고에 있는 한식 레스토랑에서 식사할까, 서울의 본격적인 한식 식당에서 먹을까, 둘 중 한쪽을 선택한다고 가정해볼까요. 그런데 메뉴는 시카고의 레스토랑이 내가 좋아하는 불고기 100그램, 그리고 서울에 있는 식당은 불고기 70그램을 제공한다고 합시다. 굳이 선택한다면 서울의 식당을 고르겠지요? 정말 중요한 것은 양이 아니라 질이니까 말입니다.

바이러스 이야기로 돌아가 보죠. 문제는 몇 사람이

감염되었는가가 아니라, 어느 정도로 무거운 증상이 나오는가 하는 것입니다. 그러나 증상의 정도를 수치로 잴 수가 없습니다. 발열 데이터가 없기 때문입니다. 예를 들어 지금 동아시아 각국에서 코로나19 때문에 고열이 나는 사람은 몇 사람입니까? 아무도 모릅니다. 왜 발열률을 조사하지 않을까요?

요컨대 그저 숫자만 내놓는다고 되는 것이 아닙니다. 어떤 숫자를 선택할 것인지가 문제입니다. 그러나 세간에서는 공식 발표된 숫자들이 어떻게 선택되었는지 모릅니다. 그냥 숫자를 보고 있을 뿐입니다.

지금 통계는 세간의 행동을 조작하기 위해, 즉 행동경제학에서 말하는 '넛지Nudge'[20]를 실행하기 위한 도구로 쓰이는 것이 아닐까 생각합니다. 가능성을 따지자면 넛지인가, 악의를 품은 행동 조작인가, 단순히 어리석은 행동인가, 이 세 가지 중 하나라고 봅니다.

---

20 넛지 : '팔꿈치로 살짝 찌르다'라는 의미다. 금전적인 작용에 의지하지 않고, 선택의 여지를 남기며 사람들이 더욱 바람직한 행동을 선택하도록 돕는 방법. 노벨 경제학상을 수상한 시카고 대학의 리처드 세일러(Richard Thaler, 1945~) 등이 발안했는데, '인간의 행동을 유도하다'는 의미로 사용됐다.

• 코로나 위기는 통계적 세계관에 의한 환상

우리는 수치나 통계를 보는 데 지나치게 익숙해져 있습니다.

GDP가 그 전형적인 예입니다. 독일은 불안을 느끼고 있어요. 가령 2018년도 독일의 GDP 성장률은 겨우 1.5%였습니다. (한국은 2.7%, 일본은 0.8%라고 하더군요) 그렇지만 독일 사람은 독일에 사는 걸 고마워해야 합니다. GDP 성장률이 6.6% 라고 하는 중국보다도 훨씬 진보되어 있으니까요.

GDP의 성장률은 상관없습니다. 도시가 깨끗한지, 자유로운 사회인지, 음식의 질이나 공기의 질은 어떤지, 그런 것들이 중요합니다. GDP 따위는 아무래도 좋다는 얘기지요. 그런데도 세상은 GDP밖에 생각하지 않습니다. 중국이 강해지고 있는데 어떡하지, 하면서 말입니다.

혹시 중국에 가본 적이 있습니까? 베이징은 대기 오염이 심하고, 게다가 중국은 비참한 공산당 독재 체제하에 있습니다. 그러나 GDP 성장률을 보고서 모두가 떠올리는 것은 중국이 맹렬한 기세로 전진하고 있는 광경입니다. 이것도 부자연스러운 통계 때문이지요. 그런데 중국인은 마르크스주의자이므로 잘 알고 있습니다. 양과 질은 서로 관계가 있다는 사실을[21] 말입니다. 결국, 문제는 질이지 숫자가 아닙니다.

마찬가지로 지금 우리가 목격하고 있는 이 위기는 통계적 세계관에 의한 환상이라고 할 수 있습니다.

바이러스는 물론 존재합니다. 그리고 위험합니다. 그리고 당연히 저는 코로나19에 감염되어 확진자가 되고 싶지 않습니다. 이것은 사실입니다. 하지만 사회의 일반적 행동과 사실 해석은 잘못된 세계관에 바탕을 두고 있습니다. 이것이 괜찮을 리가 있겠습니까? 잘못된 모델이 불러일으킨 결과는 역시 잘못입니다. 그리고 지금 우리는 바로 이 사실을 직접 목격하고 있습니다.

그렇기에 저는 질적·윤리적 경험과 감정에 초점을 맞춰 바이러스에 대한 시선을 바꾸려 하는 것입니다. 예를

---

21   변증법의 기본 원칙 가운데 하나인 마르크스주의의 '양질 전환의 법칙(Quantity will Make Up for Quality)'을 언급하고 있는데, 그 요지는 다음과 같이 표현할 수 있다. "사물이 근본적인 변화를 이룰 경우, 먼저 양적인 변화가 일어나고, 양적 변화가 어느 단계에 도달하면 질적 변화로 전화하는 과정을 따른다. 점차적인 변화가 중단되고 비약이 생긴다."

들어 감정은 양으로 드러낼 수 있는 것이 아닙니다. 감정은 그저 솟구치는 것으로 측정할 수 없습니다. 이러한 시점으로 바라보면 바이러스가 다르게 보일 것입니다.

• 통계적 비즈니스에서 질적 비즈니스로

비즈니스는 어떨까요? 출판업을 예로 들겠습니다.

출판업도 통계로 움직여지는 일이 많습니다. 어떤 주제에 관해서 책이 출간될 확률은 어느 정도일까, 출간되면 몇 권이나 팔릴까, 몇 사람에게 돈을 지급해야 할까 등등, 여러 숫자를 검토합니다. 그러나 중요한 것은 좋은 책을 만드는 것이죠.

가끔 어떤 책이 예상외로 잘 팔려서 깜짝 놀라는 일도 있을 겁니다. 지금까지의 데이터가 보여준 것과 다른 판매량을 보일 때가 있다는 거죠. 왜 그런가 하면, 인간은 좋은 책을 읽고 싶기 때문입니다. 단순히 품질 좋은 책이 잘 팔리는 일도 있습니다. 그러나 출판계에서는 이러한 사실을 잊는 경향이 있습니다. 잘 팔리는 책을 출판하고 싶으니까 통계를 보는 것이죠. 하지만 그럴 것이 아니라 그냥 좋은 책을 팔면 되는 것 아닐까요?

그러기 위해서는 출판사도 달라지지 않으면 안 됩니다. 지금까지 저는 책을 제대로 읽는 출판사와는 좋은 비즈니스를 했던 경험이 있습니다. 독자를 더 많이 고용하는 방법은 어떨까요? 그러니까, 가령 한 출판사가 100명의 독자를 고용했다고 칩시다. 그리고 그들의 업무는 책을 읽는 것, 단지 그것뿐입니다.

이들 100명은 다양한 사회계층, 다양한 교육 수준을 지닌 사람 중에서 뽑습니다. 아까 바이러스에 관한 전문가 회의처럼, 이 사람들은 출판사의 편안한 방에 틀어박혀 종일 다양한 책을 읽기만 하면 됩니다. 이렇게 해서 좋은 책을 발견하도록 부추기는 겁니다. 그들은 서점에서 좋아하는 책을 사 와서 오로지 독서만 합니다. 출판사는 그들에게 자유를 주기만 하면 되고요.

독자에게 맡겨놓으면 책이 많이 팔릴 거라는 생각이 듭니다. 무척 좋은 비즈니스 모델이지요. 통계가 무슨 필요 있겠습니까. 독자에게 돈을 지급하기만 하면 됩니다. 누군가가 출판사를 방문했을 때, 독서실을 보여주면 어떨까요? 100명이 아니라도 괜찮습니다. 스무 명이라도 모여 하루 여덟 시간 독서를 하고 있으면 되는 겁니다. 회사는 맛있는 도시락을 준비할 뿐, 그 외에는 아무것도 하지 않아도 좋습니다. 이 사람들은 그저 조용히 독서만 하고요.

그런 다음 한 달에 한 번, 혹은 일주일에 한 번 모임을 열어 이 독자들에게 비평가처럼 책을 추천하도록 하는 겁니다. 이것은 통계적 모델과는 전혀 다른 질적 모델이며, 저는 이러한 변화를 상정하고 있는 것이죠. 물론 모두 다 그렇다고는 말하지 않겠습니다만, 통계적 전략을 질적 전략으로 교체할 수 있는 경우는 아주 많습니다. 숫자와 통찰력, 두 가지 모두가 필요합니다. 숫자에만 의지해서는 인류는 멸망할 것입니다.

• 정치가가 올바른 판단을 내리기 위해서는 무엇이 필요한가?

이러한 위기를 만나면, 정치가는 어떻게 해야 올바른 결단을 내릴 수 있을까요? 그러기 위해서는 여러 분야를 아우르는 전문가 집단이 필요하겠지요. 철학자와 사회학자도 필요하고, 또 국경이나 국제 문제에 대하여 논의해야 할 테니 다양한 문화를 다루는 전문가도 필요할 겁니다.

다시 독일을 예로 들어보죠. 독일에서 스페인에 관련된 일을 논의한다고 합시다. 그러면 스페인을 잘 아는 전문가가 필요합니다. 로망스 어군語群의 전문가도 필요합니다. 한국이나 일본의 경우에는 중국 연구가가 필요해질지도 모릅니다. 자기 나라를 이해하면서 중국에도 정통한 전문가는 중요하죠. 혹은 국민의 종교를 이해하기 위해 불교 전문가가 필요할지도 모릅니다.

철학, 사회과학, 인문학, 의학, 물리학, 수학 등의 전문가뿐이겠습니까. 실무자도 있어야 하겠지요. 코로나19 환자를 직접 치료해본 의사처럼 최전선에서 일하는 사람들은 현장의 상황을 훤히 파악하고 있으므로 빼놓을 수 없습니다. 이처럼 서른 명 정도로 구성된 전문가 집단이 있고, 그 위에 정부가 있어야 합니다. 이러한 체제가 바람직하다고 할 수 있겠지요.

이 서른 명을 예컨대 반년 동안, 대학이며 병원 등에서 데려와 좋은 호텔에 집결시킵니다. 그곳에서 무엇을 하는가 하면, 뉴스와 데이터를 분석하여 서로 토론하는 겁니다. 그리고 매일 토론한 내용을 정부에 브리핑하고요. 정부는 데이터도 들여다봅니다. 이러한 정보를 근거로 결정을 내리면 되겠지요. 그렇다고 전문가 위원회가 정책을 정하는 것은 아닙니다. 위원회의 역할은 어디까지나 논의하는 것입니다. 지금 우리가 하는 것처럼 다양한 전문분야의 관점에서 토론하는 거예요.

각 분야의 전문가는 서로 경의를 갖고 대해야 합니다. 각자가 지식을 공유하고, 다 같이 그것에 대하여 논의하는 것이죠. 철학자는 논의를 관리합니다. 예를 들어 제가 토론의 사회자가 되어 정리하는 겁니다. "지금 하신 말씀은 이런 뜻이군요, 당신과 이분의 의견을 절충하면 이렇게 되는군요" 하면서 말입니다. 그 자리에는 또 다른 철학자가 있어서 "그 말에는 동의할 수 없군요"라고 말하면 다시 토론을 벌입니다. 이렇게 다른 의견들을 서로 교환해나가는 것이지요.

하루가 끝나면 정부 관계자가 찾아오고, 위원회는 슬라이드 세 개 정도의 프레젠테이션을 준비하여 '오늘의 토론 성과'를 브리핑합니다. 전문가에게는 어떤 보수를 주어도 좋을 겁니다. 보수가 명예여도 좋고, 돈이어도 좋습니다. 호텔에 가족과 함께 몇 달 동안 머물며 토론합니다. 지금 위기에는 이런 것이 필요합니다.

물론 바이러스 학자도 이 전문가 위원회에 참가해야 하지만, 그들이 맡은 역할은 가장 작습니다. 바이러스 학자는 의학적 지식을 제공하지만, 정책을 제안하는 일은 없기 때문이겠죠. 그들은 필요한 정보를 제공한 뒤에 가만히 있을 뿐입니다. "이런 짓을 하면 바이러스에 감염될 확률이 몇 퍼센트나 됩니까?" 같은 의학적 질문이 있는 경우, "30퍼센트입니다" 등으로 대답하겠지만, 그 뒤에는 조용히 있는 겁니다.

바이러스 학자는 철학적 질문이나 정치적인 질문에는 절대로 대답하지 않습니다. 그들은 의학 전문가이지 정책 제안을 하기 위해 그 자리에 있는 것이 아니니까요. 가령 학교를 폐쇄해야 하는가, 하는 문제를 바이러스 학자가 제대로 판단할 수는 없습니다. 그들은 교육 전문가가 아니기 때문입니다.

한국과 일본 등 동아시아 국가들은 과학기술을 가장

중시하므로 지금은 완전한 '바이로크러시^{Virocracy}'[22]인 것은 쉽게 상상할 수 있습니다. 가령 일본은 통계적 세계관에 빠지기 쉬워서 그 점이 일본 경제에 심각한 위협이 될 것입니다.

최근에 바이러스 학자들을 만나보고서야 처음으로 알게 된 사실이지만, 그들은 무슨 까닭인지 자의식이 지나치게 심하더군요. 놀라운 일입니다. 그러므로 바이러스 학자에게 권력을 주어서는 안 됩니다. 아마 일본 같은 나라에서는 종종 그렇게 하고 있지 않을까 상상이 됩니다만, 텔레비전에서 바이러스 학자의 이야기를 듣는 것은 그만두어야 합니다. 국무총리나 보건성 장관이 바이러스 학자와 회담하면서 바이러스 학자가 이래야 한다, 저래야 한다, 식으로 주장하는 일이 있어서는 안 된다는 얘기죠. 필요한 것은 보건성 장관뿐이지 바이러스 학자가 아닙니다.

---

22 바이로크러시(Virocracy) : 가브리엘이 만든 조어로 바이러스 학자에 의한 통치를 말한다. 관료제도를 의미하는 'Bureaucracy'에서 따온 말이다.

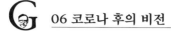

06 코로나 후의 비전

• 모든 인간이 선주민처럼 사는 사회

이 위기가 지나간 뒤의 비전으로 저는 환경을 배려하는 세계, 기술적으로 진보한 세계를 꿈꾸고 있습니다. 그곳에서는 더욱 느긋한 속도로 세계화가 일어나고, 사람들이 경의와 감사하는 마음을 갖고 살아갑니다. "고마워"라는 말이 빈번하게 오가며 누구나 살아있는 것에 감사하고, 사람들과의 만남이나 음식에 감사하며, 지적인 생명이 깃든 이 지구에서 살아가는 것에 감사할 것입니다.

지구 이외에 지적 생명이 사는 행성이 존재하더라도 너무나 멀리 떨어져 있기에, 외계인에 대한 관심은 사라집니다. 인류는 지구 외에 좋은 인생을 살 수 있을 법한 장소가 달리 없다고 판단해서 지구에 의식을 집중합니다. 지구가 우주에서 최고이자 유일한 주거지라는 것이지요.

이러한 생각을 중심으로 모든 것을 재건합니다. 제가 그리는 세계에서는 모든 인간이 원주민 혹은 선주민先住民처럼 살아갑니다. 실제로 모든 인간이 원주민이고요. 한국 사람들도 원주민이고, 저도 원주민입니다. 우리 가족은 독일의 이 지역에 수백 년이나 살고 있습니다. 어쩌면 그 뿌리는 로마 시대까지 거슬러 올라갈지도 모릅니다. 그 정도로 우리 가족은 이곳에 정착해 살고 있는 것입니다. 독일인, 일명 게르만족은 원주민이라는 거죠.

독일은 2000년쯤 전에 식민지화되어 로마인의 문화를 강요받았으나, 그 이전에 이미 수천 년이나 원주민으로서 역사를 이뤄왔습니다. 따라서 독일인을 독일 원주민이라 부르겠습니다. 그러면 한국인도 한국의 원주민이라는 말이 될 겁니다.

이렇게 모든 인간을 원주민 혹은 선주민이라 생각하겠습니다. 원주민 중에는 다른 땅으로 이동한 사람도 있겠죠. 그게 이민입니다. 인간의 이동도 역시 자연현상입니다. 원주민인 우리가 근대 이전의 자연관으로 회귀해 거기에다 근대 지식을 결합해보겠습니다. 그러면 매우 발전된 철학과 경제가 만들어지지 않을까요? 현대철학에 기인한 전근대적 자연관을 상상해보십시오.

예를 들어 일식을 생각해보겠습니다. 일본 음식은 지속 가능한 요리입니다. 글쎄요, 어업은 지속 가능한 산업이 아닐지도 모르지만, 전체적으로 보면 일식은 옛날부터 매우 건강하고 지속 가능한 음식이기 때문입니다. 수백 년 동안 원주민이 키워온 자연에 관한 지식, 그러니까 무엇을 어디에 심을까, 어떻게 키울까, 하는 지식에 뿌리를 내린 문화이지요. 제가 일본에서 먹은 다양한 채소 중에는 서양의 언어에는 이름조차 없는 것이 많았습니다. 그것은 일본만의 자연 속에서 몇백 년에 걸쳐 재배된 것이기 때문입니다.

일본의 자연은 무척 복잡합니다. 지진도 일어나고 섬나라라는 요인도 있어서, 기후도 특수합니다. 그러나 일본인의 대다수를 구성하는 원주민은 이런 환경 속에서 기술과 자신들의 지혜를 조합하면서 살아왔습니다.

다만 현재 일본은 다른 많은 장소와 마찬가지로 지나치게 미국화가 되어서 문제입니다. 일본의 미국화는 중지하지 않으면 안 됩니다. 그러나 미국 원주민도, 새로운 미국인도 모두 원주민이라는 사실을 생각하면 그들로부터 배워야 할 것도 있을 겁니다. 그러므로 미국화를 막더라도 그들과 대립하지 말고 서로 배워야 합니다.

이것이 제가 그리는 세계입니다. 그렇게 감사하는 마음이 넘치는 '네이처 포지티브'한(자연 긍정의) 경제 체제가 사람들에게 윤리적, 철학적 통찰을 가능하게 하는 세계입니다. 소비자가 아니라 통찰이 주도하는 사회입니다.

저는 문화와 과학, 인간성과 식생활 등 다양한 분야의 본질에 관한 지식을 소비하는 것을 좋아하므로, 통찰은 제가 가장 좋아하는 소비 품목이라 할 수 있습니다. 이러한 소비주의가 훨씬 더 좋지 않은가요. 새로운 가방을 손에 넣기 위한 마음으로만 가방을 사고 싶다고는 생각하지 않습니다. 가방은 그런 재미있는 물건이 아니니까요. 그러나 새로운 통찰을 얻는 것은 재미있습니다.

• 윤리적 행동을 이끌어내는 사회

인간이 윤리적으로 행동할 수 있는 사회의 조건은 무엇일까요? 인간이 비윤리적인 행동을 취하는 것은 공포 때문인 경우가 많습니다. 예를 들어 비즈니스계에서 비윤리적인 행동을 하는 이유는 경쟁 상대에게 지거나 수입을 잃는 것이 두렵기 때문입니다. 누구나 자신과 가족을 지키고 싶은 법이니까요. 그것은 정당한 바람이므로 존중되어야 합니다.

그렇지만 애초에 가족의 생명을 잃으면 어떡하나, 하는 우려가 있어서는 안 됩니다. 생명에 대한 권리는 기본 인권이니까요.

일본 NHK의 〈욕망의 시대의 철학〉 프로그램을 제작한 부서에서 마루야마 슌이치와 함께 집필하고 NHK출판에서 출간한 《마르쿠스 가브리엘 욕망의 시대를 철학하다 II》에서 저는 이렇게 말했습니다. "헤겔이 지틀리히카이트^{Sittlichkeit}, 즉 인륜^{人倫}이라고 불렀던 윤리적인 사회가 필요합니다. 지틀리히카이트는 시민사회에는 없습니다. 지틀리히카이트는 인생의 의미를 더욱 많이 도출해내는 의사결정 과정을 중시하는 윤리적인 사회입니다." 그리고 그걸 위해서는 '다양한 사람이 빈곤의 선을 뛰어넘어 기본적인 최저한의 소득을 얻을 필요'가 있으며, '완전한 지속 가능성'이 요구된다고도 말했습니다.

누구든 소득이 없더라도 걱정하지 않아도 되는 사회를 상상해보십시오. 인생에 어떤 일이 일어나도 누구나 일정한 생활 수준을 유지할 수 있는 사회 말입니다. 최저한의 소득이 보장되면 유복하지 않더라도 가성비가 좋은 와인을 사거나, 아이들과 외식할 정도는 되겠지요. 그리고 설령 일하지 않더라도 그럭저럭 생계를 꾸려나갈 수 있습니다.

제가 좀 계산해보았는데, 독일에 있는 모든 사람 혹은 모든 국민이 아이를 포함해 한 사람당 매달 1,500유로(약 237만 원)를 받는다고 가정합시다. 4인 가족이라면 그것만으로 6,000유로(약 948만 원)입니다. 이만큼 기본 소득이 있고, 추가로 일까지 한다면 독일에서는 상류층에 가까운 생활이 가능합니다. 이 정도로 기본 소득이 있다면 일하고 싶지 않다고 생각하는 사람도 있을지 모릅니다. 일하지 않는다 해도 중산층입니다. 즉 제가 주장하는 모델에서는 최저 소득 보장 정책에 의해 최소한 중산층 수준을 유지할 수 있다는 뜻입니다. 이러한 기반 위에 경제를 구축하는 겁니다.

설령 최저 소득이 보장되더라도 저는 물론 창조적인 일을 하고, 커뮤니티에 계속 참여하고 싶습니다. 아마 사람들은 대부분 비슷하게 생각하겠지요. 이러한 사회에서는 윤리관이 매우 중요해집니다.

• 지속 가능한 자본주의

가령 맛있는 스테이크를 먹고 싶다고 해봅시다. 특히 '지속 가능한' 방법으로 사육된 소고기로 만든 스테이크가 먹고 싶다고 해볼까요. 소들은 행복한 삶을 영위하고 윤리적인 방법으로 도살되기 때문에 죽을 때도 고통스럽지 않습니다. 기왕이면 그런 고기를 먹었으면 좋겠습니다.

제가 지금 계획하고 있는 사회에는 노동국과 같은 곳이 있어서, 그곳에 이렇게 제 의사를 전달합니다. "앞으로 수년간 지속 가능한 목장을 만들고 싶습니다." 그러면 노동국은 은행에서 융자를 받을 수 있도록 알선해주고 저의 계획에 관심을 가진 투자가와 연결해줍니다. 저는 이렇게 얻은 자금으로 목장을 만드는 겁니다.

지금 제가 꿈꾸고 있는 것은 철학 트레이닝을 할 수 있는 세미나실이 갖춰진 호텔을 건설하는 것입니다. 혹시 최저 소득이 보장되면 빈곤에 빠질 걱정이 없으므로 당장이라도 이 호텔을 세우려 하겠죠. 책을 계속 쓸 수 있고, 철학도 멈추지 않겠지만, 최저 소득을 확보할 수 있다면 호텔 사업에도 도전하겠습니다.

그러면 궁금해하는 사람이 많지는 않겠지만, 사회에 필요한 일들은 어떻게 진행될까 하는 의구심이 생길 수 있겠습니다. 그러한 일은 가능한 자동화로 진행하고, 추가로 시민들의 봉사활동으로 보완할 필요가 있습니다.

시민이 봉사활동을 한다면 그달에는 급여가 지급됩니다. 저는 기쁘게 하겠지요. 그러면 사람들에게 부당한 저임금을 주며 일을 시킬 필요도 없을 것입니다.

사정에 따라 다르겠지만 누군가는 이런 '봉사활동 기간'을 싫어할지도 모릅니다. "아아, 이번 달은 봉사활동하는 달이네"라며 실망할 수도 있습니다. 그러나 반대로 봉사활동을 하면 모두 친절해지므로 즐거운 한 달이 될 수도 있겠죠. 지나가는 사람이 봉사활동을 하는 사람에게 "고맙습니다"라고 말을 걸 수도 있고요. 그러면 서로 감사하는 문화가 생길 것입니다.

이러한 이상적인 사회 시스템은 실현 가능하다고 생각합니다. 모든 사람에게 왜 이러한 시스템이 필요한지 설명하면 분명 다들 납득할 겁니다.

이런 시스템을 바라지 않는 사람이 있다면, 제가 생각할 수 있는 유일한 이유는 그 사람이 비윤리적이기 때문일 것입니다. 제가 구상하는 것은 확실히 올바른 해결책입니다. 그것은 공산주의가 아니냐고 묻는 사람도 있을지 모르지만, 천만에요, 아닙니다. 이것은 환경을 생각하고, 지속 가능한 완전한 자본주의입니다. 시장은 지금과 같이 기능하지만, 헬리콥터 머니[23]와 같은 도구를 이용하는 점만이 다를 뿐입니다.

---

23   헬리콥터 머니 : 중앙은행 혹은 정부가 대가를 받지 않고, 대량의 화폐를 시중에 공급하는 정책.

칼럼

• 홉스 — '자연상태'는 존재하는가

토머스 홉스는 폭력이 법의 기반이라고 생각했습니다. 그는 어떤 국가이든 원주민 문화의 말살을 기반으로 성립되었다고 생각하여, 미국에서 행해지는 영국의 제국주의를 옹호했습니다. 이것이 홉스 이론의 테마입니다. 잘 알려진 '자연상태The State of Nature[24]'라는 그의 개념은 미국 원주민을 염두에 둔 것이었습니다. 이 점은 확실합니다.

그러나 이 생각에는 패러독스(역설적인 면)가 있습니다. 최초의 사회 계약은 어떻게 성립되었을까요? 인류의 역사에 계약 같은 것은 없었다고 생각하는 사람도 있습니다. 최초의 계

---

[24] 자연상태 : 인위적으로 정치체를 구성하기 이전에 인간이 놓여 있던 상태를 가리킨다. 홉스는 자연상태에서는 '만인의 만인에 대한 투쟁'이 일어난다고 생각했다. 그리고 이 전쟁이 끊이지 않는 상태를 피하기 위해서는 자연법을 제정하지 않으면 안 된다고 생각했다. 다만, 자연법이 성립하기 위해서는 사람들이 권리를 포기하고 국가에 양도하는(사회 계약) 것이 필요하다. 이 국가를 구약 성서에 등장하는 괴물의 이름을 따서 '리바이어던'이라 부른다.

약이 "지금부터는 계약으로 한다"라는 내용일 수가 없다는 것이죠. 그것은 보통의 계약입니다. 그렇다면 어떻게 최초의 계약을 할까요? 대답은 계약이 아닌 것을 통해서 주어집니다. 계약을 만들어내는 것이 계약이어서는 안 됩니다.

홉스에게 계약의 반대는 폭력이었습니다. 계약은 행동을 규제하므로 계약이 없으면 혼란이 생기니까요. 그것이 그의 세계관입니다. 자연상태에 있는 인간에게는 혼란과 폭력밖에 없고, 사회 계약이 질서를 만들어낸다고 생각했습니다. 그러나 계약 또한 폭력의 한 형태입니다. 최초의 계약은 폭력에 대한 폭력이기 때문입니다. 따라서 홉스에게 모든 국가 권력은 폭력적입니다.

막스 베버Max Weber, 1864~1920는 국가가 정당한 물리적 폭력 행사를 독점하고 있다고 했습니다만, 우리가 지금도 그렇게 생각하고 있다면 홉스의 국가 개념을 여전히 갖고 있다는 뜻이 됩니다. 홉스의 사상을 뛰어넘으려면 인류·원주민이 무질서할지는 몰라도 폭력적이지 않다는 것을 이해해야 합니다. 원주민도 우리와 완전히 똑같은 인간입니다. 다시 말해서 자연상태라는 것은 존재하지 않습니다. 홉스의 공상 전체가 잘못된 개념에 입각하고 있는 것입니다.

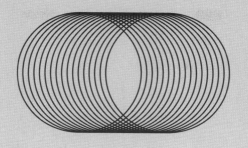

2장

국가와 국가의 연결

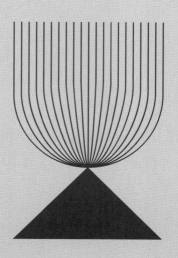

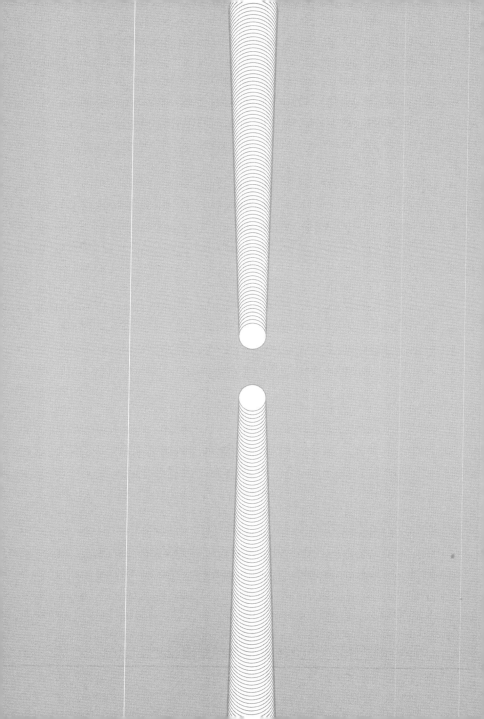

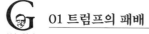

• 트럼프 대통령의 코로나 대책은 실패였을까?

　트럼프 전 미국 대통령은 지난 선거에서의 득표를 웃도는 지지를 얻었으면서도 낙선했습니다. 그의 낙선에는 어떠한 의미가 있을까요?

　지난 2016년 미국 대통령 선거에서는 모두가 트럼프를 무시하면서, 그가 당선될 리 없다고 생각했습니다. 그랬기 때문에 그가 당선된 것입니다. 그리고 대통령이 되고 나서는 아무도 그가 자리를 오래 유지할 수 있으리라고 생각하지 않았지요. 그러나 그는 임기 4년을 모두 마쳤습니다. 트럼프가 스캔들을 일으킬 때마다 세상은 이번에야말로 그도 끝이라고 예측했지만, 그는 미국 대통령의 지위를 잃지 않았습니다.

저는 이렇게 생각했습니다. '언제쯤 세상은 이것이 트럼프의 전략임을 깨달을까?' 트럼프는 '이제 곧 트럼프는 사라지겠지'라는 생각을 스스로 퍼뜨렸습니다. 트럼프는 미디어의 프로로, 역사상 최고로 유명한 리얼리티 방송 중 하나에 출연했습니다. 게다가 복잡다단한 맨해튼의 부동산업계도 속속들이 알고 있습니다. 어떤 방식이었든, 이 사람은 사회의 시스템을 꿰뚫고 있었던 것이죠.

물론 정치가로서는 비윤리적입니다. 제가 만약 미국 사람이었다면 결코 그에게는 투표하지 않았을 겁니다. 트럼프를 정치적으로 지지하느냐 아니냐 하는 이야기가 아닙니다. 그가 세간이 평가하는 것과 같은 바보는 아니라는 얘기입니다.

미국에서 코로나19로 인한 사망자 수는 세계 최고 수준이 되고 말았지만, 영국과 EU의 사망자 수를 모두 합친 것과 크게 다르지 않은 숫자가 아니던가요? 따라서 미국의 전략은 크게 실패했다고 말할 정도는 아닙니다. 수치만이 아니라 질을 보면 그렇게 비참한 수준은 아니라는 뜻입니다.

더불어 미국이 디지털 산업에서 우위에 있다는 점도 잊어서는 안 됩니다. 예를 들어 지금 전 세계인들은 하나같이 줌을 사용하고 있습니다. 미국의 디지털 경제는 코로나 사태가 이어지는 가운데 맹렬하게 확대되고 있습니다. 그렇다면 미국은 패자처럼 보여도 최종적으로는 승자가 될지도 모릅니다. 이것은 정말 미국다운 전략입니다. 체스에서는 '갬빗Gambit'이라고 해서, 하나의 말을 희생하여 게임에 이기는 전략이 있습니다. 그러니까 이것은 트럼프의 갬빗일지 모릅니다.

갬빗은 리스크가 큰 전략입니다. 체스에서는 매우 공격적인 전략이긴 한데, 사상 최강의 선수들이 종종 사용합니다. 가령 러시아의 체스 세계 챔피언 미하일스 탈스는 갬빗의 명인으로, 거침없이 공격적인 플레이를 하는 사람이었지요. 트럼프 역시 갬빗 플레이어일지도 모릅니다. '하이 리스크, 하이 리턴'은 그의 비즈니스 방식이기도 하니까요.

미국의 의료제도가 형편없이 뒤떨어진다면서 그들의 코로나바이러스 전략을 평가하는 것은 너무 단순하다고 생각합니다. 미국의 의료제도가 그리 빈약할 리가 없습니다. 미국은 노벨상을 휩쓸고 있지 않습니까. 미국의 의료제도가 그렇게 빈약하다면, 왜 유럽 사람이 아닌 미국인이 많은 노벨상을 획득하고 있을까요. 노벨 생리학 의학상을 받은 유럽 사람은 매우 적습니다. 누가 뭐래도 미국의 의료 연구는 세계 최고 수준이며, 그 의료제도도 세계가 생각하는 만큼 나쁘지는 않을 수 있습니다.

• 트럼프의 패인

경제는 호조였으므로, 팬데믹만 없었다면 트럼프가 압승했겠지요. 앞서 언급했듯, 트럼프는 매우 뛰어난 대통령이었습니다. 미국의 대통령이 달성해야 할 역할 자체에 문제가 있었을지도 모르지만, 트럼프는 자신이 맡은 직무를 꽤 잘 수행했다고 생각합니다. 미국의 역사를 보십시오. 경제가 불황이면 대통령이 교체되는 것을 알 수 있습니다. 그것이 자연의 법칙 아니겠습니까.

팬데믹이 발생했기 때문에 경기가 후퇴했습니다. 따라서 실제로는 팬데믹 그 자체가 아니라 팬데믹이 불러온 경제적 영향이 트럼프의 패인이라고 할 수 있습니다. 트럼프는 팬데믹과 경제를 동시에 대처하지 못했습니다. 혹시

2020년 9월에 백신이 개발되었더라면, 그가 재선되었겠지요. 하지만 백신은 아슬아슬한 타이밍으로 그때 개발되지 못했습니다. 그에게는 타이밍이 나빴던 겁니다. 그게 아니라도 아무튼 경제가 다시 회복되기만 했다면, 그가 다시 선출되었을 거라고 생각합니다. 그러나 미국 국민은 그의 대항마에게 걸어보기로 한 거죠. 이것은 미국의 자연스러운 법칙입니다. 중요한 것은 누가 뭐라고 해도 돈이며, 지금은 불황이기 때문에 다른 사람을 대통령으로 선택한 것입니다.

그런데도 트럼프는 7,400만에 가까운 표를 획득했습니다. 이것은 4년 전 대통령 선거보다도 훨씬 많은 득표수입니다. 일부 지지자들에게 트럼프가 매혹적으로 보일 수 있었던 이유는 그가 아메리칸드림을 몸소 구현하고 있기 때문일 겁니다. 그는 어떤 의미로는 모범적인 미국인입니다.

조 바이든은 국제주의자입니다. 바이든도 물론 미국인이지만, 아메리칸드림이라는 판타지를 상징하는 인물은 아닙니다. 바이든은 판타지보다도 현실에 가깝습니다. 바이든 정권이 출범하면서 유럽이 환대서양Atlantic Rim 협력이 실현되리라는 희망을 품은 까닭은 바이든의 이해관계가 이해하기 쉽기 때문입니다.

바이든은 일반인에게도 이해하기 쉬운 사람입니다. 저도, 저를 인터뷰하고 있는 분도, 바이든의 심리를 쉬이 이해할 수 있습니다. 그가 어떤 인물인지 알기 때문입니다. 바이든은 지금까지의 인생에서 수많은 시련을 겪었습니다. 그에 대해서 한 사람의 인간으로서 이해할 수 있는 거죠.

반면 도널드 트럼프는 미국인입니다. 많은 미국인은 인간이기 전에 미국인입니다. 미국인이란 그런 것입니다. 이해하실 수 있습니까? 미국인의 적어도 절반은 자신들을 일단 '미국인'이라고 정의합니다. '인간'이라는 정의는 그런 다음에야 뒤따라오지요. 이것이 문제입니다. 이 미국 예외주의가 미국의 기반을 형성하고 있습니다.

상상해보십시오. 앞으로 4년 동안 7,400만 명의 트럼프 지지자가 글로벌한 사고를 습득한 뒤 중국을 여행하면서 맛있는 중국요리를 먹고 싶다는 생각을 할 수 있을까요? 아마도 그런 일은 생기지 않을 겁니다. 어쩌면 4년이 지나도 그들은 이전과 다름없이 중국을 '바이러스 발생지'라고 지목할 것입니다. 한마디로 말해서, 바로 이것이 미국 예외주의입니다.

• 무서운 것은 트럼프 이후의 등장인물

문제는 트럼프의 후계자가 트럼프보다 한술 더 뜨는 나쁜 존재일 가능성이 있다는 것입니다. 트럼프는 미국의 대통령으로서는 뛰어났지만, 정치 전략은 부족했습니다. 그런데 마이크 펜스^{Mike Pence}[25] 같은 인물이 다음에 나온다고 합시다. 혹은 펜스보다도 더욱 나쁜 인간이 나왔다고 해보죠. 트럼프의 이데올로기를 지니고 있으면서 거기에다 정치 전략도 뛰어난 인물이 나오면 어떻게 될까요? 그야말로 무솔리니 이후에 히틀러가 나온 것과 같습니다.

4년 후에도 트럼프가 선거에 나오는 편이 그를 이어 대기하고 있는 인물이 나오는 것보다는 그나마 낫지 않을까 생각합니다. 다음에 나올 괴물은 트럼프 이상으로 세계에 위험한 인물이 아닐까요. 트럼프는 세계에 그리 위험하진 않았습니다. 전쟁을 시작한 일도 없고, 오히려 많은 전쟁을 중지시켰으며 중국에 대항했습니다. 미국 밖의 사람에게는 크게 나쁠 것이 없었다는 말입니다.

---

25   마이크 펜스(1959~) : 미국 공화당 정치가. 2017~2021년 트럼프 정권에서 부통령직을 맡았다.

트럼프는 확실히 유럽의 적이기는 했으니까 저에게
는 다소 나쁜 존재였습니다. 그러나 결과적으로는 유럽도
엄청난 악영향을 받은 것은 아니었잖아요? 제가 걱정하는
것은 트럼프 이후에 등장하는 인물이 전 세계에 나쁜 존재
가 되지 않을까 하는 점입니다.

• 미국과 독일에서 쏟아진 음모론

미국에서 Q아논QAnon이라는 음모론이 퍼져 있습니다. 이 음모론은 악마를 숭배하는 소아성애자인 엘리트 집단이 존재하고, 트럼프는 이 비밀결사와 몰래 싸우고 있다는 전혀 근거 없는 이야기입니다. 놀랍게도 Q아논을 신봉하는 지지자 마조리 테일러 그린Marjorie Taylor Greene이 연방 하원의원 선거에서 당선되기도 했습니다.

독일에서도 이와 비슷한 움직임이 보였습니다. 크베어 뎅커Querdenker[26], 영어로 직역하면 'Queer Thinkers', 즉 '기묘한

---

26   크베어뎅커(Querdenker) : 영어로 'Lateral Thinker', 그러니까 수평적 사고와 기존의 틀에 얽매이지 않는 사고가 가능한 사람이라는 의미.

생각을 하는 사람들'이라는 의미의 집단이 바로 그런 예입니다. 그들은 정부의 코로나 대책을 비판하고, 어떤 엘리트 집단이(독일의 엘리트인지, 세계의 엘리트인지는 모르겠습니다만) 민주주의를 파괴하기 위해서 중국 혹은 미국 등 세계의 어딘가에서 바이러스를 제조했다고 주장하는 것입니다. 그들은 자신들만이 민주적인 법의 지배를 위해 싸우고 있다고 믿고 있습니다.

이 집단은 시위도 벌였는데, 극좌부터 극우까지 2만 명에서 많게는 4만 명이 모였습니다. 극단적인 환경보호주의자와 신비주의자도 있는가 하면, 신新나치주의자Neonazist도 있습니다. 이러한 사람들이 하나가 되어 행진한 겁니다. 그들의 주된 주장은 음모론으로, 독일에서는 종종 코로나 바이러스에 관한 통계에 대해 지지하기 힘든 내용을 앞세우곤 했습니다.

이 그룹에는 저명한 교수들도 참가했습니다. 독일의 경제학자인 슈테판 홈부르크Stefan Homburg가 리더 격인 사람입니다. 매우 흥미롭게도, 이런 움직임에 관해서 스위스의 바젤대학교가 실시한 사회학적 연구에 따르면, 참가자들이 대부분 학자였다고 합니다. 이 운동의 주장은 완전히 음모론의 영역에 들어가 있습니다. Q아논과도 모종의 관련이 있습니다만,

그것과 같지는 않습니다. 아무튼 음모론이 널리 퍼져나가고 있는 것은 확실합니다.

한 조사에 따르면, 독일인의 37퍼센트가 팬데믹은 환상에 지나지 않는다, 즉 팬데믹은 실재하지 않는다고 믿는다는 결과가 나왔습니다. 저 자신도 그런 사람을 많이 알고 있습니다. 그런데 제가 독일에서 교류하는 지인 100명의 목록을 만들어봤더니, 그중 20퍼센트 이상이 팬데믹은 날조에 지나지 않는다고 생각한다는 사실을 알게 되었습니다. 상황이 이 정도이니 백신 접종을 희망하는 독일인이 전체 인구의 절반 정도밖에 되지 않는다는 것이죠.

• 음모론의 온상, 넷플릭스

이런 사람들이 계속 늘어나는 이유 가운데 하나는 넷플릭스입니다. 팬데믹이 일어난 뒤로 사람들은 무엇을 했겠습니까? 가령 제가 가장 먼저 한 행동은 팬데믹에 관한 모든 영화를 다시 보는 것이었습니다. 저는 먼저 〈컨테이

전〉[27]을 보았습니다. 당시에 저는 이 바이러스가 사스처럼 치사율이 10퍼센트에 달하는 병일지도 모른다고 생각했습니다. 물론 현재도 지극히 심각한 상황이기는 하지만, 이보다도 훨씬 심각한 상황이 벌어졌을 가능성이 있으니까요.

아무튼 사람들이 가장 먼저 한 일은 픽션 영화를 다시 보는 것이었습니다. 이러한 영화에서 팬데믹은 어김없이 중국에서 시작되었고, 일어날지도 모르는 미래가 예언되고 있었던 것 같습니다. 저는 픽션과 현실을 구별하고 있습니다. 하지만 봉쇄 조치가 취해진 후 많은 사람이 최초로 온라인에서 발견한 것은 픽션이요, 음모론이었습니다. 따라서 음모론이 증식된 이유는 록다운 때문입니다. 사람은 집에 틀어박혀 있으면 다양한 망상을 떠올리기 시작하는 법이잖아요.

팬데믹은 환각을 일으킵니다. 이 사실에 대해서는 독일에서도 많은 연구가 이뤄졌습니다. 독일에서는 팬데믹의 결과, 정신분열이나 조현병 환자가 눈에 띄게 증가했습니다.

---

27   컨테이전(Contagion) : 전염병의 위협을 묘사한 2011년 할리우드 영화.

그들에겐 현실과 환상이 더는 구별되지 않습니다. 저도 음모론을 믿는 친구들과 대화를 나눠봤습니다. "팬데믹이 거짓일 리가 없잖아. 실제로 병원에서 사람들이 죽고 있으니까." 제가 그렇게 말해도 그들은 여전히 의심했습니다. 그러면서 이렇게 대꾸하더군요. "나는 그 병원에 간 적이 없어. 내가 실제로 보지를 못했다고." 그래서 제가 "그러면 병원에 가보면 되잖아!"라고 말하자, 그들은 "병원에선 아무도 죽지 않았으니까 안으로 들여 보내주지 않아"라고 대답했습니다. 즉 이 친구들은 병원의 중환자실에는 아무도 없고, 직원이 그냥 커피를 마시고 있을 뿐이라고 생각하는 겁니다. 그리고 무슨 까닭에선지, 앙겔라 메르켈이 그들의 입을 막고 민주주의를 파괴하려고 한다고 믿고 있었습니다.

실제로 분별력 있는 사람들이 수천 명씩이나 이런 말을 믿고 있습니다. 왜 그럴까요? 진실보다도 이러한 설이 더 납득하기 쉽기 때문입니다. 진상은 중국의 우한이나 어딘가에서 아마 박쥐로부터 바이러스가 인간에게 전이되었고, 더 많은 사람에게 전염된 것일 뿐입니다. 한마디로 바이러스가 그저 증식을 계속한 것에 불과하죠. 바이러스는 보이지도 않고 만질 수도 없지만, 많은 사람을 죽음에 이르게 합니다. 사실은 단지 그것뿐이지만 이러한 진실을 받아들이기가 힘든 거죠.

사람들은 이런 현실과 마주하는 것을 버티지 못합니다. 도저히 납득할 수 없기 때문이죠. 그 때문에 사람들은 어떻게든 더욱 깊은 의미를 찾아내려고 합니다. 실제로 저는 이 바이러스에 깊은 의미가 있다고 생각합니다. 그러니까 바이러스는 지구의 면역 반응이 아니겠는가, 하고 생각하는 거죠. 이것은 음모론이 아닙니다. 반면 이 바이러스는 인간이 일부러 만들어낸 것이 틀림없다고 믿는 사람들도 많습니다. 그렇게밖에 생각할 수 없다는 것이죠. 이것이 정신질환의 시작입니다. 정신분석학적으로 보면 일종의 트라우마라고 할 수 있어요.

• '팬데믹의 원흉은 트럼프'는 가짜 뉴스

언제까지고 음모론이 사라지지 않는 이유 중 하나는 미디어^{언론} 때문이라고 생각합니다.

먼저 현재 언론의 편향적인 태도는 지나칠 정도라는 지적부터 해야겠군요. 독일도 그렇지만, 러시아를 제외한

거의 전 세계의 언론은 도널드 트럼프에게 비판적인 보도를 해왔습니다. 공화당원이라고 해서 모두 트럼프 지지자인 것도 아니고, 트럼프가 한 정당의 대표에 불과하다는 사실을 생각하면, 사실을 바탕으로 정확하게 보도해왔다고는 생각할 수 없습니다. 보도 내용은 사실과 일치하지 않았죠.

예를 들어 독일 언론은 트럼프가 대응을 잘못했기 때문에 미국에서는 팬데믹이 한층 더 확대되었다고 계속 보도했습니다. 그러나 실제로는 미국은 각 주의 정부가 팬데믹 대책을 시행해왔습니다. 그러니까 이 보도는 사실과 다릅니다. 뉴욕주는 민주당이 지배하고 있지만, 가장 큰 피해를 입었잖아요. 트럼프는 뉴욕시의 사망자 숫자와 아무런 관련도 없습니다. 그럼에도 독일 언론은 마치 트럼프 탓에 많은 사람이 죽었다는 것처럼 보도했습니다.

반면 프랑스는 어떨까요? 프랑스 역시 사망률이 높았지만, 누구도 프랑스의 사망자 수가 많은 것이 마크롱의 탓이라고 말하지는 않습니다. 독일의 경우, 메르켈 역시 더욱 비판을 받아야 하지만, 인기 주간지 〈슈피겔Der Spiegel〉도 "메르켈은 끔찍한 독재자다, 사람들이 이렇게 죽고 있는 것은 메르켈 탓이다"라는 식으로는 보도하지 않습니다.

이것은 매우 심각한 문제입니다. 제가 좌파에 반대하고 있기 때문이 아니라, 원래 저널리즘은 사실을 보도해야 한다고 굳게 믿기 때문입니다. 그리고 이토록 심각한 팬데믹 상황을 초래한 원흉이 트럼프라는 말은 가짜 뉴스입니다. 트럼프가 대통령이 아니었다면 사망자 수가 훨씬 적었을 것이라는 이야기도 허구라 생각합니다. 대통령이 바이든으로 바뀌었다 한들, 그가 국민을 한 사람 한 사람 일일이 만나 직접 마스크를 씌워주는 것도 아니니까 감염자는 줄어들지 않겠지요. 트럼프 정권에 대한 이런 평가는 완전히 잘못되었습니다.

• 주류 언론의 기사 대부분은 정치화되어 있다

자, 제가 트럼프의 지지자라고 칩시다. 그런데 언론이 매일 트럼프 지지자들에 대해 "정신이 이상한 음모론자다", "인종차별주의자다", "여성 혐오자다"라며 보도를 계속한다고 가정해보죠. 실제로는 그중 어느 것에도 해당하지 않는데 매일 온갖 신문이 그렇게 떠들어댄다면 저는 격하게 화를 낼 겁니다. 하지만 그런 일이 지금 실제로 발생하고 있다는 것이 문제입니다.

주류 언론의 보도 대부분이 확실히 정치화되어 있습니다. 사실이 정확하게 보도되지 않는다는 얘기입니다. 예를 들어 저는 독일의 일간지 〈쥐트도이체 차이퉁Süddeutsche Zeitung〉의 구독을 끊었습니다. 옛날에는 참 수준 높은 신문이었지만, 지금은 완전히 대중지가 되고 말았거든요.

지금 제가 가장 괜찮다고 생각하는 신문은 〈게네랄 안차이거General-Anzeiger〉라는 지방 신문입니다. 팬데믹이 일어난 뒤로 질이 좋아졌습니다. 왜 그런지 아시나요? 이 신문이 꾸준히 중립성을 유지하고 있기 때문입니다. 전 세계 정치가들과의 인터뷰 내용도 최고입니다. 매우 중립적인 보도자세를 보이며 정치적인 편향을 전혀 나타내지 않습니다. 이러한 보도가 더욱 늘어나야 합니다.

● 언론의 구조가 만들어낸 음모론

미국 주류 언론의 편향이 나빠진 것은 트럼프가 대통령이 되었기 때문일까요? 저는 그 반대라고 생각합니다. 먼저 언론의 편향이 시작되었고, 그 편향 때문에 트럼프가 대통령이 되었다고 봅니다. 즉 소셜 미디어를 포함한 언론 전체가 편향된 결과, 트럼프가 대통령직에 오른 것입니다. 말하자면 그는 어떤 질병의 증상이지, 질병 그 자체가 아닙니다. 그러니 바이든 시대가 출범해도 음모론은 쉽게 사라지지 않겠지요.

독일을 보면 더욱 분명히 알 수 있습니다. 바이든이 당선된 이후 독일에서는 오히려 음모론이 늘었습니다. 즉 트럼프와 독일에서의 음모론 숫자는 아무런 관련이 없었던 것입니다. 애당초 독일에서는 스티브 배넌Steve Bannon[28]이 숨은 실력자이며, 그가 유럽을 방문해 사람들을 조종하고 있다고 여겨졌습니다. 그런데 배넌이 사라진 뒤에도 음모론은 계속 늘어났단 말입니다. 그리고 지금은 트럼프도 없습니다만, 음모론은 여전히 늘고 있는 상황입니다.

한마디로 음모론은 소셜 미디어를 포함한 언론 전체의 구조와 관련이 있다는 것을 알 수 있습니다. 주류 언론은 소셜 미디어와 끊임없이 싸우고 있지만, 저는 거기서 끝낼 것이 아니라 아예 소셜 미디어를 없애야 한다고 주장합니

---

28   스티브 배넌(1953~) : 2016년 미국 대통령 선거에서 트럼프 진영의 최고 책
      임자가 되었고 후에 트럼프 정권의 수석 전략가 겸 수석 고문으로 일했다.

다. 그것이 첫걸음입니다. 가장 먼저 소셜 미디어를 폐쇄해야 합니다. 그래야 위기를 극복할 수 있습니다.

• 유튜브 구독자 수는 의미 없다

주류 언론이 "아무개에게 몇 명의 트위터 팔로워가 있다" 같은 내용을 보도하곤 하는데, 원래 그런 수치는 어쨌거나 상관없는 일입니다. 참으로 유치하기 짝이 없는 일이고요.

예를 들어 "고등학생인 아무개가 칭찬을 받았다" 따위의 보도를 하는 법은 없지 않습니까? 그런 일은 아무래도 좋은 일이니까 말이죠. 마찬가지로 누군가가 트위터에서 팔로워 1,000만 명을 모았다는 사실에 무슨 실질적인 의미가 있겠습니까.

출판시장에서도 그렇습니다. 독일의 과학자 가운데 유튜브 인플루언서가 된 사람이 책을 펴냈습니다. 원래 이 사람은 저서가 팔리지 않아서, 책을 더 많이 팔기 위해 인플루언서가 되었습니다. 그런데 인플루언서가 되고 난 후에도 그 사람의 책은 여전히 팔리지 않았습니다. 유튜브에는 실체가 없기 때문이지요. 유튜브 구독자는 영상의 내용에 그다지 큰 관심이 없습니다. 밤에 그저 마음 내키는 비디오를 클릭해서 몇 분쯤 보고는 다시 다른 영상을 클릭합니다. 그것이 시청자의 행동 패턴입니다. 진짜배기 구독자가 아니라는 겁니다.

그런데 사람들은 어떤 영상의 조회 수가 1,000만 번쯤 되면 그 사람에게 대단한 영향력이 있다고 착각합니다. 유튜브에서는 영향력이 있을지도 모르지만, 실제 사회에서 영향력이 있는 것은 아닙니다. 거듭 말하지만, 이건 진실과 허구를 혼동하는 것이죠. 주류 언론매체들이 픽션의 영역에 발을 들이고 있는데, 이것은 좋은 일은 아닙니다. 언론은 픽션이 아니라 진실을 보도해야 합니다.

말이야 바른 말이지, 그들은 자신들이 무엇을 하고 있는지 모릅니다. 언론계는 경제적으로 궁지에 몰려 있습니다. 그들은 자신들의 비즈니스를 계속할 수 없는 것이 아닌가, 두려워하고 있습니다. 하지만 그럴수록 더욱 좋은 비즈니스를 해야 하는 것 아닌가요. 예를 들어 훌륭한 레스토랑이 있는데, 근처에 다른 레스토랑이 생겨서 더 저렴한 가격에 요리를 제공하기 시작하면, 자신의 비즈니스 모델을 바꿀 겁니다. 언론도 바로 그렇게 대응해야 합니다. 주류 언론은 비즈니스 모델을 바꿔야 합니다. 저를 예로 들어도 그렇잖아요. 언론을 통해서 진실을 알고 싶으니까, 남독일 신문이 아니라 지역 신문을 먼저 구독하기로 한 것입니다.

• 팬데믹에 등장한 새로운 인종차별

트럼프의 취임과 거의 같은 시기부터 전 세계에서 분극화Polarization가 일어나고 있습니다. 얼마전 출간한 저의 책 《왜 세계사의 시간은 거꾸로 흐르는가》에서 저는 지금처럼 전 세계의 인간이 인종차별주의자가 된 시대는 없다고 말했습니다. '사람을 죽인 회교도가 몇 명 있다고 하니까, 회교도는 모두 살인자다'라는 식의 오류가 세계에 만연해 있고, 그런 오류가 문명의 구동력이 되고 있습니다.

인종을 차별한다는 것은 윤리적 가치의 존재를 부정하는, 근본적으로 잘못된 생각입니다. 그것은 일부 인간에 대해서, 다른 인간을 대할 때와는 다른 윤리적인 태도를 취하는 것이지요. 인류에게 해로운 태도입니다.

　　그뿐만 아니라, 감염병이 확산하면서 그에 관련된 차별적인 편견도 많이 생겨났습니다. 어느 나라에서나 그들 나름의 '코로나 내셔널리즘'이 있습니다만, 내셔널리즘은 인종차별주의의 한 형태입니다. 독일 사람들도 더러는 "스페인에서 사망률이 더 높은 것은 당연하지. 지중해 인종은 무질서하니까 말이야"라고 말하곤 합니다. 프랑스인은 마치 전쟁이라도 치르는 것처럼, 바이러스 대책에 관한 한 자신들이 최고라고 믿고 있습니다. 스웨덴 사람도 자신들의 전략이 최고라고 생각하며, 동아시아 국가들이나 다른 어떤 나라도 다 그렇게 생각하고 있습니다.

　　게다가 위험 지역을 설정할 때는 인종차별주의가 중요한 역할을 하고 있습니다. EU에서는 어떤 나라가 다른 나라를 고도의 위험 지역이라고 선언하는 것 때문에 논란이 일고 있지요. 참으로 놀랍게도, 위험 지역을 지정하기 위한 객관적인 기준에 관해서는 합의가 존재하지 않습니다. 이 때문에 EU에서는 틀에 박힌Stereotype 차별에 기인한 위험 지역을 둘러싸고 논쟁이 벌어지고 있습니다. 유럽의 북부와 남부에 차이가 있다는 생각 자체가 인종적 편견으로 가득 차 있는 것입니다.

독일 언론은 그야말로 엉망진창입니다. 독일에서는 지금(2020년 8월) 확진자가 증가하고 있는데, 그것은 독일인이 지중해에서 휴가를 보냈기 때문이라는 보도가 매일 눈에 띕니다. 왜 지중해에 가면 감염된다고 생각하는 걸까요? "맞아, 스페인 사람들은 감염력이 커"라고 생각한다면 인종차별입니다. 피부색이 짙으니까 틀림없이 감염력도 클 것이라는 말입니다. 물론 그럴 리가 없잖아요. '스페인 사람들은 무질서하고 아프리카인에 가깝다'라는 식으로 말하는 것은 이중적인 의미로 인종차별이겠지요.

그런가 하면 아시아에는 다른 형태의 인종차별주의가 존재합니다. 일본에는 다른 인종이라고 인식된 사람들에 대한 차별이 있습니다. 일본은 이민이 적어 인종적 동질성이 있다는 생각이 퍼져 있습니다. 일본에는 체류하는 외국인이 인구의 2퍼센트쯤 있던가요? 매우 적은 비율입니다. 따라서 일본 특유의 인종차별이 있습니다. 그리고 중국에는 중국 나름의 인종주의가 있고, 이 역시 다른 형태로 드러납니다. 중국인은 유럽인에 대해 차별적이고, 반대로 유럽인은 중국인에 대해 역시 차별적입니다.

• 인종 문제의 본질은 고정관념

어떤 형태가 되었든, 인종차별은 틀려먹었습니다. 인종차별은 대부분 피부색에 따라 일어난다고 생각하지만, 문제의 본질은 틀에 박힌 사고 때문입니다. 이처럼 스테레오타입에 의한 사고방식은 행동 하나하나를 개별적으로 정확하게 설명하는 대신, 고정관념으로 모든 것을 해결하려 합니다.

저를 인터뷰하고 있는 여러분의 행동을 보고, "이것은 전형적인 일본 사람들의 행동이구나"라고 생각한 적이 있습니다. 실제로 두 분은 일본인이니까 같은 행동을 취할 때도 있겠지만, 그 행동을 하는 이유는 각자 다릅니다.

저에게 아주 깊은 인상을 심어준 일이 있습니다. 두 분 모두 밥그릇을 제대로 들고 먹는 방법을 알고 있습니다. 반면 저는 그걸 제대로 알지 못하죠. 여러분이 제가 밥공기를 드는 모습을 보면 잘못된 자세라고 생각할 거예요.

두 분은 예의 바르기 때문에 때에 따라서는 밥공기 드는 법을 고쳐줄 수도 있지만, 실례가 되지 않도록 아무 말도 하지 않는 쪽을 선택할지도 모릅니다. 그러나 여러분이 올바른 자세로 밥공기를 드는 이유는 서로 다릅니다. 같은 부모에게 자란 것이 아니기 때문입니다. 두 분의 심리는 각각 독자적인 것으로 '일본인의 심리'에 의한 것이 아닙니다. '일본인의 심리' 따위는 존재하지 않기 때문입니다. 두 분이 특정한 자세로 밥공기를 들고, 제가 그러지 않는 것은 일본 문화 때문이 아닙니다. 행동의 이유는 각자 다르고요.

틀에 박힌 사고란 여러분의 행동을 개인의 행동이라 보지 않고, 일본인에게 공통된 행동이라고 여기는 것입니다. 이것은 분명 윤리적으로 잘못된 사고방식입니다. 이렇게 해석하면 저는 여러분과 교류하는 것이 아니라, 여러분의 표상과 교류하는 것에 지나지 않으니까요. 그리고 그것은 제가 여러분을 진정한 의미로 존경하지 않는다는 것을 의미합니다.

틀에 박힌 사고는 편리한 점도 있으므로 널리 받아들여지고 있습니다. 대체로 독일인과 일본인이 만나면 처음에는 예의 바르게 행동하다가 서로 각자의 스테레오타입에 따라 상대를 대합니다. 처음에는 상대가 자신과 구체적으로 어떻게 다른지 모르므로, 일단 큰 차이가 있다고 상정하고 대하는 것입니다. 자신의 문화와는 다르다고 생각하며 서로 문화에 간섭하지 않도록 주의하는 것이지요.

그러나 서로에 대해 더 많이 알게 되면 차이보다도 공통점이 잘 보입니다. 처음 만났을 때와는 행동이 달라지고, 이윽고 틀에 박힌 사고가 얼마나 우스꽝스러운 노릇인지 깨달을 수 있습니다. "전형적인 일본 사람은 어떻게 행동합니까?" 누가 그렇게 물으면 대답을 할 수가 없습니다. '전형적인 일본 사람'이란 존재하지 않으니까요.

혹시 여러분이 전형적인 일본인이라고 생각하는 인물을 발견한다고 하더라도, 그것은 제가 생각하는 전형적인 일본인과는 또 다르겠지요. 예를 들어 "전형적인 일본인이란 이런 사람으로, 이렇게 흔들면서 춤을 춥니다"라고 말하면서 누군가를 발견했다고 합시다. 하지만 이건 완전히 이상한 말을 한 것입니다. 전형적인 일본인은 존재하지 않기 때문이지요. 바로 이것이 틀에 박힌 사고입니다.

• 윤리적 정체성 정치

틀에 박힌 사고는 정말 문제입니다. 인종차별주의가 틀에 박힌 사고의 일종이고, 여성을 멸시하는 태도도 마찬가지입니다. 따라서 저는 어떠한 정체성 정치에도 반대합니다. 비윤리적이기 때문입니다. 이 점을 분명하게 말씀드리겠습니다.

미국의 민주당은 공화당과 완전히 똑같이 윤리적으로 타락했습니다. 민주당도 정체성을 기반으로 한 정치를 행하고 있거든요. 카멀라 해리스^{Kamala Harris} 부통령은 어떨까요? 해리스는 법과 질서를 매우 중시하는 캘리포니아 주민입니다. 그러나 미국인은 해리스를 진보적인 아프리카계 미국인 여성이라고 생각합니다. 그녀가 진보적이라고요? 아프리카계 미국인이라는 전제가 붙는다면 그 누구를 데려와도 진보적일 리가 없습니다. 아프리카계 미국인을 대통령으로 선택한 것 자체도 진보적이지 않습니다.

인종차별주의의 예를 들어보죠. 오바마에게 노벨 평화상을 수여한 것은 인종차별주의입니다. 오바마는 전쟁을 시작했고, 중동의 정세를 불안정하게 만들었습니다. 리비

아를 파괴하고, 난민 위기를 불러일으켰습니다. 그는 인류에 방대한 불이익을 가져다주었습니다. 오바마가 아프리카계 미국인이기에 진보적이라고 생각하는 것은 인종차별입니다. 오바마는 그냥 미국인이지 특별히 다른 인간이 아닙니다.

아까 제가 민주당은 윤리적으로 타락했다고 말했습니다. 정체성 정치는 (억압된 집단을 배려한다는 점에서) 좋은 이미지가 있긴 하지만, 가령 민주당은 정말 여성을 위하고 있을까요? 물론 일부 민주당원은 여성에게 예의가 바르겠지요. 그것은 훌륭한 일입니다. 누구나 여성에게도, 남성에게도 가능한 한 예의 바르게 대해야 하니까요. 자, 그러면 바이든은 어떨까요? 바이든이 여성에게 예의 바른지 어떤지는 모릅니다. 실제로 어떨지 모르는데 그렇다고 상상하고 있는 것입니다. 이것이 틀에 박힌 사고이며, 중대한 문제점입니다.

독일에 대해서도 같은 말을 할 수 있습니다. 녹색당은 환경 보호를 대중에 호소하지만, 역시 정체성의 정치를 이용하고 있으며 백신에도 반대하고 있습니다. 이것들은 심각한 윤리의 문제입니다.

04 EU의 실패와 중국 문제

• EU의 최대 과실

유감스럽지만 지금 EU에서는 틀에 박힌 사고를 다양하게 볼 수 있습니다. 그리고 그런 사고는 한결같이 신자유주의 모델에 입각하고 있습니다.

예를 들어 최근 바이러스 대책에 관한 논의가 이뤄질 때, '짠돌이 사형제Frugal Four'라는 것이 나타났습니다. 짠돌이처럼 검소하고 절약에 치중하는 'Frugal Four'란 오스트리아, 네덜란드, 스웨덴, 덴마크 4개국을 가리킵니다. 이들 네 나라는 지중해 연안 국가들과 채무를 함께 부담하는 것을 거부했습니다.

EU는 유럽의 가치관에 따라 운용되는 것이 아닙니다. 유럽의 가치관이 중요하다고 공공연히 선언한 것 치고는 그 것을 존중하지 않습니다. EU의 관심은 경제뿐입니다. 유럽에는 무언가 공통된 요소가 있다고 주장하지만, 공허한 주장일 따름이지요. 유럽에 공통 유산이 있다면 철학이라든지 그 밖의 문화유산이겠지만, EU는 이런 것들에 그다지 개의치 않습니다.

유럽에서 사상 최고의 시인이라 말하는 이탈리아의 단테나 호메로스가 EU에서 과연 무슨 역할을 했을까요? 아니, 아무런 역할도 맡지 못했습니다. EU의 심각한 결함은 문화유산과는 당최 아무 관계도 없다는 것입니다. 여러 유럽 국가가 EU에 귀속되어 있다는 의식을 가지지 못하는 이유는 EU가 단순히 경제 교섭의 자리밖에 되지 않기 때문입니다. 본래 문화유산을 구심점으로 삼았더라면 유럽을 단결시키는 데 매우 유효했을 텐데 말이지요.

경제로 얽힌 존재가 전쟁을 방지할 수 있다는 사고방식은 지극히 단순하다고 생각합니다. 지금 우리 눈앞에서는 사이버 전쟁 같은 완전히 새로운 형태의 전쟁이 일어나고 있습니다. 그뿐인가요, 그리스와 터키 사이에서는 실제로 전쟁이 일어날지도 모릅니다.

터키를 EU에 가입시키지 않은 것은 매우 잘못되었습니다. EU가 저지른 최대의 실수라고 생각합니다만, 인제 와서 어떻게 할 도리가 없습니다. 터키가 EU에 가입했다면 에르도안은 독재자가 되지 않았겠지요. 그는 독재자가 될 수밖에 없었습니다.

왜 EU가 터키를 가입시키지 않았을까요? 물론 터키에는 인권 문제 등의 결함도 있습니다. 하지만 그렇게 이야기한다면 불가리아와 그리스, 스페인도 문제점이 있지 않습니까? 독일에서는 경찰의 만행이 문제되고 있는데, 그렇다고 해서 독일이 EU에 들어가서는 안 된다고 말하는 사람이 있을까요? 어느 나라에든 인권 문제는 있습니다. 차라리 터키가 EU에 가입했다면 터키의 인권 문제를 어느 정도 억제할 수 있었을 겁니다. 난민 위기도, 시리아 문제도 터키가 EU의 일원이었다면 해결 방법을 찾았을지도 모릅니다.

터키를 EU에 가입시키지 않은 것의 대가는 크다고 봅니다. 터키는 땅덩이도 넓고 경제력도 있어서, 지금과는 사뭇 다른 형태로 강대국이 되었을 것입니다. 왜 터키를 넣어주지 않았는가 하면, EU는 기독교 국가들의 모임이라는 인식이 있었기 때문입니다.

이것 또한 위험한 틀에 박힌 사고입니다. 유럽의 기독교 국가들은 이슬람 국가를 받아들일 수 없다고 생각한 거죠. 그러나 유럽 국가들은 기독교국이 아니고, 터키도 이슬람 국가가 아닙니다. 터키의 헌법은 비종교적이고, 유럽 국가들의 헌법도 기독교와는 전혀 관련이 없습니다. 이처럼 터키를 배제하자고 결정한 것 역시 인종차별주의 혹은 틀에 박힌 사고의 산물입니다. 터키를 EU에 맞아들이는 것이야말로 현명한 선택이었겠죠.

터키가 혹시 EU에 가입했더라면 EU는 타국에, 예를 들어 러시아에 큰 영향력을 행사했을 것입니다. 터키가 가입하면 EU의 경계선이 흑해에까지 이르기 때문입니다. 터키를 포함하는 것은 지정학적으로 훌륭한 전략이었겠지만, 이미 늦었습니다. 에르도안이 몇 번이나 가입을 시도했던 12년 전에 맞이했어야 합니다.

터키를 EU에 가입시켜야 한다고 주장하지 않은 것은 메르켈이 저지른 최대의 실수일지도 모릅니다. 저는 정치가도 아니고, 또 이 교섭에 참여한 것도 아니므로 터키가 얼마나 어려운 교섭 상대였는지는 모릅니다. 그러나 터키를 EU에 가입시키는 것은 진보적인 아이디어였으리라 확신합니다.

• EU에 아프리카 국가를 가입시켜라

앞으로 EU가 아프리카의 나라들을 가입시키면 어떨까요? 이거, 근사하지 않습니까? 이러한 움직임은 EU가 경제만이 아니라 사상도 그 존재 기반으로서 받아들인다는 것을 상징합니다. 경제만으로는 통합이 제대로 이뤄지지 않습니다. 헝가리와 폴란드 등 동유럽 국가들을 보면 이들이 독일과 조금도 연대감이 없다는 사실을 알 수 있습니다. 독일과 동유럽 국가들의 분단에는 내적 요인과 외적 요인이 모두 있습니다.

그런가 하면 중국은 무엇을 하고 있을까요? 중국은 이 상황을 잘 이용하고 있습니다. 시진핑은 동유럽의 작은 나라들을 방문해 유럽의회에서 투표 행사에 영향을 미치려고 하고 있습니다. 왜 중국이 이런 일을 할 수 있는가 하면 말이죠, EU 내에서 일부 국가가 다른 나라를 모욕하고 있기 때문입니다. 가령 독일은 몇 번이고 그리스의 체면을 손상해왔는데, 그런 짓을 해서는 안 됩니다. 이것도 EU가 안고 있는 문제 중 하나입니다.

그리스를 모욕한 책임은 메르켈이 아니라 볼프강 쇼이블레Wolfgang Schäuble[29]에게 있습니다. 그리스와 이탈리아, 스페인에 굴욕감을 주어서는 안 됩니다. 친척들이 모인 자리에서 일부러 숙부를 창피하게 하는 짓은 누구도 하지 않을 겁니다. 그런 행동을 해서 좋을 리가 없습니다. 바로 여기에 EU의 윤리적, 정신적인 결함이 있다고 생각합니다. 앞으로 이 점을 고치지 않으면 EU는 오래 살아남을 수 없을 겁니다.

• 중국과 어떻게 파트너십을 쌓을까

중국은 홍콩에서 새로운 치안법을 제정하는 등 감시 능력을 점차 강화하고 있습니다. "국제사회는 중국의 행동에 개입해야 한다"고 생각하는 이들도 있지만, 중국의 통치 방식을 우리가 바꿀 수 있다고 생각하는 것은 섣부른 판단

---

29   볼프강 쇼이블레(1942~) : 독일 연방의회 하원의장. 제2~3차 메르켈 내각에서 재무장관을 역임했다.

일 겁니다.

중국은 14억 인구, 방대한 토지, 권력, 그리고 그들만의 독특한 전통을 지닌 나라입니다. 우리끼리 중국을 향해 의회제 민주주의를 도입해야 한다고 떠들어대는 것은 턱도 없는 일입니다. 중국이 우리 말을 들을 리도 없고요.

중국의 관점에서 우리는 작은 나라들입니다. 게다가 그들은 러시아를 아군으로 삼았습니다. 지구 전체의 육지 면적을 따져보면 러시아와 중국이 대부분을 차지하고 있잖아요? 말하자면 우리는 마이노리티^{Minority}입니다. 중국도 이것을 알고 있으므로 우리가 중국을 바꾸기란 불가능합니다.

이제 문제는 우리가 어떻게 해야 중국과 지속적인 파트너십을 구축할 수 있느냐 하는 것입니다. 우리는 중국과 대화를 시작해야 하고, 중국이 더는 개발도상국이 아니라는 사실을 인정해야 합니다. 아무리 인정하기가 어렵더라도 이미 중국을 콩고 같은 나라와 같은 열에 놓을 수는 없는 노릇입니다.

중국은 옛날부터 다른 개발도상국들과 달랐습니다.

중국은 유사 이래, 100년쯤의 기간만을 제외하면, 항상 강력한 국가였습니다. 그리고 이 100년 동안 중국은 근대로 이행할 준비를 진행했습니다.

　일본은 19세기에 가장 먼저 근대로 돌입했습니다. 근대가 이미 코앞까지 와 있었으니, 일본은 한시라도 빨리 근대화하기 위해 곧바로 적응했던 것이지요. 따라서 일본은 지금도 초근대적입니다. 일본은 포스트모던이 아닌 '하이퍼-모던'입니다.

　반면 중국은 40~50년 전에야 근대화를 실행했습니다. 어디까지나 '중국식 근대화'이긴 하지만요. 중국의 모더니티(근대성, 近代性)는 복잡해서 그것이 어떤 특성을 가지는지 우리는 잘 알지 못합니다. 아무튼 지금 우리에게 필요한 것은 중국과 대화를 하고, 그들을 파트너로 받아들이는 것입니다. 개입하기란 불가능하므로 대화를 하지 않으면 안 됩니다.

　한국이나 일본은 한자를 쓰고 있으므로 다른 나라들보다도 중국을 더 잘 알 것입니다. 한국인이나 일본인이 중국어를 배우기는 비교적 쉽습니다. 어쨌든 적어도 중국어의 문장을 읽기는 그리 어렵지 않겠지요. 독일인인 제가 중국어를 배우는 것보다도 한국인이나 일본인이 배우는 쪽이 간단할 겁니다. 게다가 두 나라는 지리적으로도 중국과 가깝습니다. 따라서 한국이나 일본은 유럽보다 중국을 좀 더 잘 이해하고 있겠지만, 그럼에도 불구하고 중국은 수수께끼로 둘러싸인 나라가 아닐까 싶습니다.

지정학적으로는 당연히 중국의 영향력을 억제해야 합니다. 하지만 일단 중국과 대화를 해야 하고, 상대에게 경의를 표해야 합니다. 중국 쪽에서 본다면, 존중받는 것은 매우 중요한 일입니다. 그것이 가장 첫걸음이 되겠지요.

중국이 인권을 침해하고 있다고 시도 때도 없이 지적해봤자 아무것도 달라지지 않습니다. 중국과 파트너십을 구축할 수 있는 유일한 방법은 대화를 통해 상대를 이해하는 것입니다. 그것이 지금 우리가 중국에 대해 반드시 해야 할 일이라고 생각합니다.

대화를 지향하는 모델이 목표로 삼는 것은 상대의 입장을 가능한 한 상상하는 것입니다. 그렇다고 해서 상대 입장을 그대로 받아들이는 것이 아니라, 상대의 입장에 서서 생각할 필요가 있다는 뜻이지요. 그것이야말로 윤리를 실천한다는 것의 기본이며, 대화를 지향하는 모델의 목표입니다.

• 중국은 위기에 제대로 대응하지 못하고 있다

사실 중국은 위기에 제대로 대응하지 못하고 있습니다. 세계는 중국이 위기에 잘 대처했다고 믿지만, 사실 중국의 대응법은 끔찍했습니다. 먼저 바이러스 위기는 중국 때문에 일어났습니다. 이것만으로도 중국 정부가 바이러스 대책에 실패했다는 충분한 증거가 됩니다. 중국은 그 후의 위기관리에도 실패했고, 지금은 기근의 가능성마저 대두되고 있습니다.

'살아있는 것이라면 무엇이든 먹는다'는 식문화가 중국에 있는 것은 그들이 지금까지 숱한 기근을 겪었기 때문입니다. 그러니까 박쥐조차 당연히 먹는 겁니다. 코로나19를 인류에 퍼뜨린 것은 박쥐라고 합니다만, 박쥐라도 먹지 않으면 죽을 수밖에 없는 상황이라고 가정해보세요. 그러면 누구나 박쥐를 먹을 겁니다.

이처럼 중국에는 원래 팬데믹을 만들어낼 가능성이 충분히 있었습니다. 중국은 그저 자신들이 제대로 대처했다고 선전하고 있을 뿐, 우리는 실제로 중국이 어떻게 위기관리를 했는지 모릅니다. 자세한 설명이 없기 때문입니다. 중국에서 무슨 일이 일어나고 있는지 아무도 알지 못하는 상태야말로 중국으로서는 매우 중요한 일입니다.

• 대화할 노력을 하지 않으면 중국은 더욱 공격적이 된다

우리는 이미 홍콩을 잃어버렸습니다. 홍콩에는 슬픈 일이지만, 이제 더는 돌이킬 수 없습니다. 홍콩은 앞으로 5년 사이에 중국의 다른 도시와 다를 게 하나도 없는 곳이 될 것입니다. 그 누구도 그것을 막을 수 없습니다. 그다음 중국은 타이완까지 지배할지도 모릅니다.

중국이 홍콩을 완전히 지배하게 된다면, 아마 늦어도 20년 이내에는 타이완까지 지배하려 들 수 있겠지요. 그 후 중국이 어디까지 패권을 확장할지는 아무도 모릅니다. 중국이 현재의 국경을 더욱 큰 폭으로 넓히고 싶어 할지, 그 여부는 세계의 중대한 관심사입니다.

그러나 중국도 아까 터키에 관해서 언급한 것과 같은 상태입니다. 터키가 EU에 가입했다면 이만큼 공격적인 나라는 되지 않았을 겁니다. 즉 중국을 적대시하지 않고 인류 커뮤니티의 일원으로 대하는 것이 필요하지 않을까요? 중국은 북한만큼 사악한 나라가 아니고, 북한과는 대화가 불가능할지도 모르지만, 중국과는 가능하니까요.

우리는 대화를 통해 중국과 협력하는 새로운 방법을 모색해야 합니다. 무척 어려운 일이지만, 이런 노력을 기울이지 않으면 중국은 더욱 공격적으로 변할 것입니다.

• 일본도 '보통 국가'가 되어야

그렇지만 대화의 노력을 거듭한다고 해서 그것만으로 충분하다는 뜻은 아닙니다.

가령 일본 헌법은 군대를 금지하고 있는데, 일본인들 가운데 일본도 군대를 가진 '보통 국가'가 되어야 한다고 생각하는 사람이 적지 않습니다. 유감스럽기는 하지만, 지금의 상황에서는 일본도 '보통 국가'가 되어야 하지 않을까 생각합니다.

일본은 특수한 상황에 놓여 있습니다. 가까운 곳에 매우 위험한 독재 정권이 둘이나 존재하고 있으니 말입니다. 이들 정권은 "틈만 나면 일본을 파괴하자!"라면서 노리고 있으리라고 생각합니다. 일본에는 비무장화라는 선택지가 없습니다.

행동 원리는 평화주의여도 좋습니다. 오늘날의 일본인은 1920~1930년대의 일본인과는 다르다고 생각합니다. 지금 일본이 중국 침략을 꾀한다면 위험부담이 너무 큽니다. 사실 침략 자체도 불가능하겠지만요.

2019년 트럼프는 미·일 안전보장조약에 대해 이렇게 발언했습니다. "혹시 일본이 공격을 받는다면 미국은 많은 희생을 치르더라도 싸우겠다. 그러나 미국이 공격을 받더라도 일본은 도울 필요가 없다." 그는 옳은 말을 했습니다. 트럼프가 옳을 때도 있습니다.

그는 독일에 대해서도 이렇게 말했지요. "미국이

NATO를 지키기 위해 시리아에서 피를 흘렸는데, 독일은 시리아에 병사를 단 한 명도 파견한 적이 없지 않은가?" 지하에 숨어든 ISIS와 싸우느라 미국인 병사가 죽어가고 있지만, 독일에 한 사람이라도 좋으니 병사를 보내달라고 해도 "안 된다, 우리는 평화주의자이니까"라며 거절하지 않았느냐면서 말입니다. 그런 주제에 독일은 자기들한테 이익이 될 때는 병사를 파견하겠다고 말했습니다.

제가 만약 트럼프라면 불끈 화를 냈을 것입니다. 독일이 나를 바보로 아는 것이냐고 하면서요. 우리 병사가 죽고 있는데, 당신들은 병사를 한 사람도 보내지 않을 셈이냐고 힐난할 겁니다. 그렇다면 혹시 푸틴이 너희를 공격해도 우린 모르는 척하겠다, 그게 싫으면 행동을 바꾸라고 몰아붙일 것입니다. 미국 입장에서 보면 당연한 반응입니다. 다른 이성적인 반응은 있을 수가 없습니다.

일본에 대해서도 같은 말을 할 수 있습니다. 미국이 다른 나라의 공격을 받더라도 일본은 그냥 이렇게 말할 수 있겠지요. "미국은 대국이니까 스스로 지킬 수 있겠지." 곰곰이 생각해보면, 트럼프가 등장했기 때문에 독일도 일본도 성장하지 않을 수 없는 결과가 되었다고 할 수 있습니다.

독일과 일본은 세계대전 중에 겪은 체험을 바탕으로 자신들은 평화의 상징이 되어야 한다는 의식을 품고 있습니다. 두 나라 모두 제2차 세계대전에서 가장 공격적인 국가였고, 각 국가 내에서 인류 사상 최악의 문제를 일으켰습니다. 독일에서는 유대인이, 그리고 가톨릭 신자와 공산주의자가 살육당했습니다. 게다가 살해당한 사람들은 대부분 독일인이었습니다. 독일인은 외국인뿐만 아니라 엄청난 숫자의 자국민까지 죽인 것이지요.

일본도 마찬가지입니다. 많은 일본인이 일본인에 의해 살해당했습니다. 국민은 호전적인 군 장교들에 의해 패배가 빤히 보이는 전장으로 내몰렸고, 원폭까지 겪었습니다. 독일과 일본은 전쟁으로부터 인류 사상 최악의 영향을 받았습니다. 우리는 이 문화적 기억이 있으므로 평화 운동을 주도하기에 적합한 위치에 있습니다. 미국에는 이런 경험이 없기에 그러한 위치에 있지 않습니다.

그렇다고 해서 독일이나 일본 두 나라가 앞으로 더욱 방어력을 강화할 수 없는 것은 아닙니다. 더는 미국의 등 뒤에 숨어 있을 수가 없기 때문입니다. 전쟁이 끝나면, 언젠가 미국이 지켜주지 않는 날이 올 것을 알고 있으니까요.

독일과 일본은 미국의 외교 정책이 성공을 거둔 유일한 예입니다. 그 밖에는 모두 실패로 끝났죠. 제2차 세계대전 이후로 미국은 전쟁에 이긴 적이 없습니다. 다른 나라의 민주화에도 성공한 예가 없습니다. 사실 그들의 사회 모델을 전파하는 데 성공한 경우는 독일과 일본뿐입니다. 이 두 나라가 완전히 미국화된 것은 아니지만, 그래도 미국의 좋은 점을 많이 받아들였습니다. 지금이 독립할 시기입니다.

• 지금 EU는 미국을 흉내내고 있다

EU의 행동에 대해서 좀 더 생각해보겠습니다. 조금 전에 저는 EU가 정말 윤리적인 기구인지 모르겠다는 의구심을 드러냈는데, EU 자체는 마치 세계의 윤리적 리더처럼 행동하는 것 같습니다.

이미 출간된 저의 책《왜 세계사의 시간은 거꾸로 흐르는가》에서 저는 이렇게 적었습니다. "최근에 유럽이 하고 있는 것은 스스로 유럽처럼 보이려는 의태擬態다, 그러니까, 생물이 공격이나 자기 보호를 위해 몸의 색이나 형태 따위를 주위의 동·식물 등과 비슷하게 위장하는 것이나 다름없다." 요즘은 독일인이나 프랑스인, 영국인 할 것 없이 같은 나라 사람끼리 실랑이를 벌이고 있는데요, 이것은 19세기부터 유럽에서 볼 수 있었던 패턴의 답습이라고 할 수 있습니다.

그런데 이 의태라는 것도 코로나19의 영향으로 크게 달라지고 말았습니다. 유럽은 지금 미국처럼 보입니다. 무슨 말인가 하면, 유럽은 세계가 미국에 기대하던 역할, 즉 윤리적 리더의 역할을 수행하고 있다는 얘기입니다.

유럽은 미국 민주당의 진보파가 살아 돌아온 것처럼, 1970년대의 민주당을 방불케 합니다. 미국을 아주 많이 닮았습니다. 이것은 유럽의 지정학적 전략 중 하나로, 미국으로부터 세계의 주도권을 이어받으려는 것입니다.

그러나 공공연하게 "미국의 패권은 이제 끝장났으니, 우리가 이어받겠습니다"라고 말할 수는 없습니다. 따라서 미국에 들키지 않도록 몰래 계획을 펼쳐야 합니다. 유럽은 윤리를 존중함으로써 주도권을 잡겠다고 생각하는 모양인데, 저도 그래야 한다고 생각합니다. 제가 내놓고 있는 여러 가지 제안은 EU가 윤리적 우위성을 확립하려는 이 순간에 맞춘 것입니다. 진정한 소프트파워는 경의와 신뢰입니다. 무척 간단한 일이죠.

독일 사람들은 자기 생각을 퍼뜨리는 것에 보다 신중한 경향이 있습니다. 독일은 일찍이 역사상 최악의 아이디어를 만들어낸 적이 있기 때문이지요. 마르크스주의와 국가사회주의를 탄생시킨 곳이 독일 아닙니까. 하지만 지금은 독일이 좋은 아이디어를 제공하는 것도 가능하지 않을까요? 가령 마르크스주의의 경우가 그랬던 것처럼, 독일은 원래 아이디어를 세계에 퍼뜨리는 것이 특기입니다. 이번에야말로 좋은 아이디어를 퍼뜨릴 수 있을지 모릅니다.

• 가장 바람직한 소프트파워 전략이란

미국의 소프트파워가 세계를 석권한 것처럼 보이지만, 미국의 소프트파워는 더 이상 문화가 아닙니다. 오래도록 미국의 소프트파워는 영화 등을 주축으로 한 문화였지만, 그 후 넷플릭스로 인해 바뀌어버렸습니다. 틀에 박힌 사고를 불러오므로 퇴행적입니다.

미국의 소프트파워가 효과적이었던 것은 일찍이 미국 제품이 훌륭했기 때문입니다. 누구나 미국 제품을 원했잖아요. 미제 신발이며 청바지는 착용감이 편하고 뛰어난 제품이었습니다. 영화도 멋진 작품을 수없이 제작해냈습니다. 이처럼 제품의 질이 좋았기에 미국의 소프트파워가 사람들의 마음을 지배했습니다.

그러나 지금 미국은 소셜 미디어와 구글 등 검색 엔진에 의한 침략적인 감시 시스템으로 사람들의 정신을 지배하려 들고 있습니다. 구글이 검색 엔진으로 할 수 있는 것들이 일반인에게도 알려졌기 때문에 틱톡^{TikTok} 등을 둘러싼 큰 논쟁[30]이 벌어지고 있는 것입니다. 이러한 논쟁은 앞으로도 계속 증가하겠지요. EU도 지금 반미 디지털 전략을 검토하고 있습니다. 이처럼 미국의 소프트파워는 약해지고 있습니다.

지금 가장 좋은 소프트파워는 무엇일까요? 그러니까, 가장 좋은 지정학적 전략이 무엇일까요? 동맹국을 만드는 것입니다. 친구는 많을수록 좋죠. 친구를 어떻게 사귀어야 할까요? 남들에게 상냥하게 대하는 것입니다. 누구든 싫은 사람에게 다가가고 싶지는 않거든요. 남에게 예의 바르게 대하면 친구가 생깁니다. EU는 지금, 굉장히 친절해지려 노력하고 있

---

30   2020년 7월 31일 중국 기업이 만든 동영상 앱 틱톡을 통해 미국 이용자의 개인정보가 중국으로 유출될 우려가 있다는 이유로 당시 트럼프 대통령은 미국 내 틱톡 사용을 금지했다.

습니다. 환경을 생각하고, 반성하고, 예의 바른 국가가 되려 하고 있어요. 이것이 앞서 말한 '의태'의 다음 단계, 즉 EU가 과거 미국을 흉내 내고 있는 것일지도 모릅니다.

• 갑자기 프랑스에 세계 톱클래스 대학이 나타났다

유럽의 소프트파워에 대하여 아주 흥미로운 최근의 한 예를 소개하죠. 프랑스의 마크롱 대통령이 몇몇 대학교와 협력해 파리-사클레Paris-Saclay라는 이름의 새로운 대학교를 설립했습니다. 그런데 이 대학교는 설립되자마자 세계 대학 랭킹 14위에 오른 겁니다. 이로써 세계의 최정상 대학교 가운데 하나가 유럽에 생기게 되었습니다. 그러나 실제로는 아무것도 달라지지 않았습니다. 원래 대학에 있던 사람들이 모여서 새로운 대학교를 하나 만들었을 뿐인데, 프랑스는 갑자기 정상의 대학교를 갖게 된 거죠. 대학교 홈페이지를 만들었을 뿐인데 공짜로 순위에 오른 겁니다.

홈페이지라는 허구를 만드는 마케팅 전략은 미국이 만들어낸 것입니다. 갑자기 프랑스에 세계 유수의 대학이 생기게 되면, 프랑스가 나아지고 있다고 생각할 수 있습니다. 게다가 수업료는 무료거든요. 이 얼마나 윤리적인 일입니까. 이쯤 되면 누구나 프랑스에서 배우고 싶지, 더는 미국 대학에 갈 필요가 없다고 생각할 것 아니겠어요. 현명한 계획입니다.

독일 역시 소프트파워 전략을 도입할 것입니다. 전 세계 사람이 미국의 의료제도는 나쁘고, 바이러스 대책도 실패했다고 생각하고 있으므로 유럽이 갑자기 매력적으로 보이기 시작하겠죠.

미국이 팬데믹 대책에 실패했다는 것은 유럽의 이데올로기이며 소프트파워입니다. 애초에 미국의 전략은 실패했다고 말을 꺼낸 것은 누구였을까요? 그것은 민주당과 유럽입니다. 다시 말해서 이건 유럽에 의한 민주당의 모방입니다.

일본의 전통적인 소프트파워는 아직 건재합니다. 비디오 게임처럼 말이지요. 앞서 닌텐도를 언급했습니다만, '닌텐도 스위치'는 코로나19로 인한 봉쇄가 한창인 동안 모두 마구 사들이는 바람에 일시적으로 구매가 불가능하기도 했습니다. 닌텐도의 주식도 같이 올라가지 않았을까요? 일본의 소프트파워는 지금도 건재하다는 뜻입니다.

그리고 일본은 자국의 팬데믹 대책을 노련하게 선전했죠. 아까 언급했듯 독일은 "우리나라가 최고의 해결책을 찾아내겠다. 우리나라는 미국보다도 뛰어나다"고 주장하려 했습니다만, 지금은 일본의 전략을 모방하려 하고 있습니다. 공식적으로도 독일은 일본과 같은 전략을 취해야 한다고 선언했습니다. 즉 일본이 바이러스 대책의 모범이 되었다는 이야기로, 이것은 일본의 커다란 소프트파워입니다.

스포츠에 비유한다면, 독일과 일본 두 나라는 완전히 같은 리그에서 겨루고 있는 것입니다. 우리는 세계 제3, 제4의 경제력을 지녔습니다. 일본은 독일보다 인구도 많고, 독일보다 약간이긴 하지만 경제력도 더 큽니다. 그러나 독일은 프랑스와 함께 현재 EU의 경제를 주도하고 있습니다. EU는 물론 다국간 동맹이지만 독일은 그 속에서 강력한 힘을 쥐고 있습니다. 이처럼 같은 리그의 팀이면서도 독일로 하여금 일본의 바이러스 대책을 모방해야 한다는 생각을 하도록 만든다는 점에서 일본은 강력한 소프트파워를 갖고 있다고 말할 수 있을 것입니다.

• 메르켈은 독일 사상 최고의 총리일지도 모른다

2021년에 독일 총리직을 내려놓았던 앙겔라 메르켈에 대해 언급하려 합니다.

제가 보기에 메르켈은 윤리적으로 올바르게 행동하는 대표적인 인물입니다. 제 생각의 일부는 어떤 의미로는 앙겔라 메르켈에게 바치는 것이라고도 할 수 있습니다. 저 자신은 그녀에게 투표한 적이 없습니다만, 그것은 제가 투표할 필요가 없었기 때문입니다. 그녀가 낙선할 우려가 있다면 저는 기독교민주연합에 투표했겠지요. 하지만 민주주의 사회에서 한 명의 후보가 압도적 다수의 표를 획득해서는 안 된다고 믿고 있으므로 저는 투표하지 않았습니다. 메르켈이 전체 표의 70퍼센트를 차지한다면 좀 곤란한 노릇 아닙니까. 그러나 사실 저는 그녀의 정책 대부분을 지지하고 있습니다.

메르켈은 수많은 결정적인 순간에 윤리적으로 올바른 결단을 내렸다고 생각합니다. 그랬기 때문에 존경받는 것이겠지요. 난민 위기, 유럽 위기, 그리고 코로나 위기에서 메르켈은 윤리적·전략적 통찰을 바탕으로 행동했습니다. 그녀는 경제 전략과 지정학적 지식, 그리고 윤리적 통찰을 두루 융합해 여러 사태에 대처했습니다. 트럼프와 마찬가지로 메르켈도 우리 일반인이 입수할 수 없는 정보를 얻을 수 있습니다. 그러나 트럼프와는 달리 그녀의 기본적 동기는 윤리적으로 올바른 선택을 하는 것입니다. 메르켈은 수백 년 후의 세계를 염두에 두고, 유산이 될 법한 지속 가능한 프로젝트에 돌입했습니다.

메르켈은 20년 후의 세계가 자신을 어떻게 볼까를 생각하고 있습니다. 바로 이것이 그녀가 위대한 민주적 지도자인 까닭입니다. 메르켈은 독일 사상 최고의 총리, 아니 최고의 정치가일지 모릅니다. 언젠가 확실해지겠지요. 그것은 그녀가 했던 일이 모두 올바르기 때문이 아니라, 미래를 내다보고서 윤리적인 결단을 내렸기 때문입니다.

　메르켈이 총리에 취임한 뒤로 독일은 일본 후쿠시마의 원전 사고에 대한 대응으로 원자력을 포기하겠다고 결심했습니다. 사고는 일본에서 발생했음에도 불구하고, 메르켈은 인류가 두 번 다시 이와 같은 사고를 경험해서는 안 된다고 말했습니다. "독일이 두 번 다시"가 아니라 "인류가 두 번 다시"라고 말했습니다. 이것은 독일의 문제가 아니라 인류의 문제라는 것이죠. 그녀 자신이 이 분야의 전문가인데도 말입니다.

　메르켈은 이론물리학자입니다. 원자력을 지지하는 물리학자는 대단히 많지만, 메르켈은 지지하지 않았습니다. 현명한 처사입니다. 난민 위기라든지 동성 결혼에도 같은 자세로 대응했습니다. 동성 결혼에 대해서 그녀는 개인적으로는 반대한다는 점을 확실히 표명하면서도 이것을 합법화했습니다.

　지금 메르켈이 노력하고 있는 것은 지속 가능한 개발입니다. 메르켈은 지난주(2020년 8월) 베를린에서 그레타 툰베리를 비롯한 3명의 활동가와 만났습니다. 그레타 툰베리는 틀린 말도 많이 하고 있던 터라, 그녀가 원하는 것을 모두 해주려는 의도는 아니었습니다. 그래도 메르켈은 툰베리의 이야기를 듣고, 그 관점을 의사결정에 반영하고 싶다고 생각했습니다. 이러한 이유로 저는 메르켈이 현명한 인물이라고 봅니다. 그녀는 놀라울 만큼 지혜로워서 정치가로서 존경할 만합니다.

• 더 이상 재선을 바라지 않는 메르켈

페미니즘을 많이들 언급합니다만, 메르켈을 가리키면서 이렇게 말하는 사람도 있을 겁니다. "보시라, 여자도 남자와 마찬가지로, 아니, 그 이상으로 무슨 일이든 잘 해내지 않는가?" 왜 메르켈이 남자들과 동등하거나 남자들보다 뛰어날 수 있을까요? 여자도 인간이기 때문입니다. 우수한 사람이라는 것은 남녀를 가리지 않고 존재하므로 메르켈은 그 가운데 한 사람일 뿐입니다.

당연한 얘기겠지만, 메르켈에게도 어두운 측면이 있습니다. 권력을 이용하여 지금까지 많은 사람을 정치적으로 말살해 왔거든요. 노련한 전략을 써서 냉혹하게 사람을 내친 것입니다. 메르켈은 권력이라는 것을 잘 이해하고 있으며, 때로는 자신이 냉혹해질 수도 있다는 사실을 우리에게 보여주었습니다.

그러나 그녀는 단호하게 선언했습니다. 2021년 총선거에는 출마하지 않겠노라고 말이죠. 제가 그녀의 행동 중에서 가장 대단하다고 생각한 것은 총리 재선을 바라지 않았다는 점입니다. 그 마음이 바뀌는 일은 없을 겁니다. 독일의 역사에서 이런 정치가는 본 적이 없습니다. 14년 이상 총리를 역임했던 아데나워Konrad Adenauer나 콜Helmut Kohl처럼 총리의 자리에 남아 있는 것도 가능했을 테고, 아마 콜의 기록을 깰 수도 있었을 것입니다. 콜은 16년간 총리를 맡았는데, 기독교민주동맹CDU 소속의 총리는 그 자리에 오래 앉아 있기 마련이었거든요.

2005년 11월에 취임했던 메르켈은 콜과 같은 기간 총리를 맡았으니, 실로 오래 그 자리를 지켰습니다. 계속하려고 마음만 먹었다면 문제없이 이어갈 수 있었겠지만, 그녀는 전혀 계속할 마음이 없습니다. 독일 역사상 이처럼 위엄을 지닌 채 퇴진을 선택한 총리는 지금까지 없었습니다. 어쩌면 전 세계의 역사에도 이런 정치가는 없을지 모릅니다. 정말 놀라운 일 아닙니까? 한 나라의 총리로 남을 기회가 충분히 있는데도, 새로운 바람을 불어넣는 편이 더 민주적이라는 이유로 퇴진하는 것이니까요. 지극히 감동적인 자세가 아닙니까?

이런 위대한 리더를 잃으면 우리 독일인은 장차 이 시기를 되돌아보면서 슬픔을 느끼리라 생각합니다. 그러나 메르켈이 다음 총리를 위한 포석을 깔아둘지도 모르죠. 그녀를 이을 차기 총리로는 제가 사는 노르트라인-베스트팔렌주의 아르민 라셰트 총리, 바이에른주의 마르쿠스 죄더 총리, 그리고 올라프 숄츠 전 재무장관 세 사람 중 한 사람이 유력한 것 같습니다. (이후 올라프 숄츠가 2021년 12월 8일 총리에 취임했다—편집자 주)

저는 메르켈과 두 번 만난 적이 있습니다. 한 번은 공식 만찬에서였고, 다른 한 번은 베를린에서였습니다. 만찬 모임에서는 메르켈이 대기업을 상대로 연설을 했는데, 그때 저는 옆 테이블에서 그녀를 면밀하게 관찰했습니다. 그 연설은 정말 훌륭했습니다. 그녀의 높은 지성을 느낄 수 있었죠.

메르켈은 믿기지 않을 만큼 높은 IQ의 소유자이며 정치적으로도 천재라 불리는 사람입니다. 천재에는 여러 유형이 있는데, 모든 사람에게 사랑받을 필요는 없습니다. 트럼프 역시 정치적 천재일지도 모르지요. 사악하고, 지루하고, 시끌벅적한 천재도 있는 법입니다. 어쨌든 메르켈은 분명 정치의 천재입니다.

현재 대통령 프랑크-발터 슈타인마이어Frank_Walter Steinmeier도 무척 현명한 사람으로, 최고의 정치가 중 한 명입니다. 사회민주당SPD 소속 정치가로, 정말 윤리적이며 사려가 깊은 분이죠. 독일의 대통령은 국가의 좋은 상징이라고 생각합니다. 독일의 대통령은 미국 대통령과는 전혀 다른 존재니까요.

칼럼

• 칸트와 헤겔이 인류를 위해 공헌한 것

저는 얼마 전에 펴낸 책 《왜 세계사의 시간은 거꾸로 흐르는가》에서 이렇게 서술했습니다. "독일에서도 임마누엘 칸트Immanuel Kant, 1724~1804와 게오크 빌헬름 프리드리히 헤겔Georg Wilhelm Friedrich Hegel, 1770~1831 등이 모더니티, 즉 근대성에 상당한 공헌을 한 측면이 있다." 저는 그들이 구체적으로 어떠한 공헌을 했는가, 그 점을 말씀드리고 싶습니다.

칸트와 헤겔의 지적 유산은 민주적인 법의 지배입니다. 그러니까 자립적인 행위 주체를 인정하는 법의 지배죠. 칸트의 권리라는 개념, 즉 권리란 무엇인가, 법이란 무엇인가 하는 모든 것이 그와 연관되어 있습니다.

칸트가 생각하는 법 제도란, 인간의 자유는 타인의 자유가 시작되는 곳에서 끝난다고 규정하는 것입니다. 다시 말해 법 제도는 다수 인간의 주장에서 타협점을 찾은 것, 각각의 인간이 넘을 수 없는 경계선을 그은 것입니다. 칸트는 나아가 이 생각에 윤리를 도입했습니다. 좋은 법 제도란 윤리적 통찰로써 제어할 수 있는 법률 시스템, 인간이 자립적인 주체로서 법에 관여할 수 있는 법 제도를 가리킵니다. 이 윤리성과 합리성의 결합은 현대 독일의 민주적인 법 지배와 헌법의 기반이 되어 있지요. 그리고 이런 조합을 지니고 있는지 없는지의 여부는 국가가 얼마나 진보했는지를 측정하는 척도로서 전 세계에 퍼져 있습니다.

진정한 의미의 진보적 정치라는 것은 윤리적인 주장이 법제화된 정치를 말합니다. 예를 들어 동성 결혼이나 중절 등 윤리적으로 정당한 주장을 법 제도에 포함해나가는 정치를 가리키는 것이죠.

이처럼 권력과 윤리의 관계를 확립한 것이 칸트와 헤겔입니다. 그들보다 먼저 권력과 윤리를 연결해낸 사람은 없으리라 생각합니다. 플라톤이나 아리스토텔레스도 양자를 언급하긴 했지만, 그 기조를 확립한 것은 칸트와 헤겔입니다. 그랬기에 독일 헌법의 서두 부분에 "인간의 존엄성은 훼손할 수 없다"라고 쓰여 있는 것입니다. 칸트의 통찰을 보여주는 이 문구는 말하자면 독일을 소개하는 글입니다.

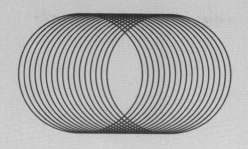

3장

타인과의 연결

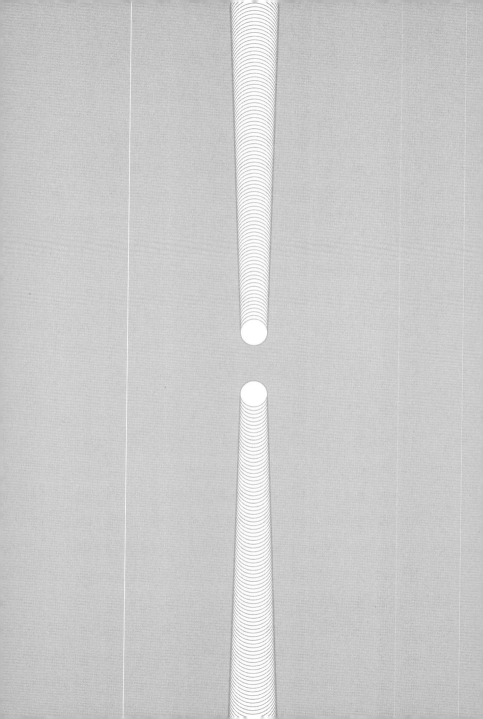

01 자기를 강요하는 소셜 미디어

• 자유민주주의를 약체화시키는 위험한 약물

저는 예전부터 이렇게 말해왔습니다. "인간은 소셜 미디어 같은 미국 제품을 소비하면서 즐기고 있다고 생각하지만, 실제로는 질식하고 있다." 이 장에서는 소셜 미디어에 대해 언급하도록 하겠습니다.

소비자의 행동을 조작하는 소셜 미디어의 알고리즘은 기본적으로 우리를 타인과 대항시키는 기능을 지니고 있습니다. 인스타그램과 트위터 등의 플랫폼에는 각각 가능한 일과 불가능한 일을 규정하는 어떤 틀이 있는데, 바로 이 틀이 사람의 행동을 변화시키는 것입니다.

간단한 예를 들어보죠. 구글의 검색 엔진은 덕덕고 DuckDuckGo와는 달리 사람이 검색하고 싶지 않은 것을 무리하게 검색하게 하는 기능을 지녔습니다. 덕덕고는 완전히 프라이버시를 중시하는 검색 엔진입니다. 덕덕고로는 찾고 싶은 것을 검색할 뿐이지만, 구글이 덕덕고와 다른 점은 AI입니다. 구글은 개인의 검색 행동을 이용해 그 사람의 행동을 조작하고, 더욱 긴 시간을 온라인에 머물도록 하려는 것입니다.

이 점은 모든 소셜 미디어에 공통된 것입니다. 비슷한 기술을 이용해 사용자를 분극화하고, 가능한 한 그들이 온라인에 머무르는 시간을 늘리려는 것이지요.

토크쇼와 같은 전통적인 미디어에서는 토론이 필요합니다. 토크쇼도 사람과 사람을 대항시킨다는 의미로는 비슷한 로직을 이용하지만, 다른 의견을 시청자에게 제시하면서 합의점을 찾아 논쟁을 해결하려고 하는 윤리적 측면이 있습니다. 따라서 토크쇼에서 저를 모욕하는 사람이 있다면 그 사람을 고소할 수도 있습니다.

반면 미국의 소셜 미디어에는 이와 같은 조직적인 제어의 기능이 전혀 작동하지 않습니다. 인터넷상에서 누군가에게 공격받아도 자신을 방어할 방법이 없습니다. 그것은 특히 소셜 미디어를 과도하게 사용하는 젊은이들에게 심각한 영향을 미치고 있습니다.

단적으로 표현하자면, 미국의 소셜 미디어는 자유민주주의를 허약하게 만드는 위험한 마약입니다. 자유민주주의의 힘이 떨어진 것과 소셜 미디어가 대두한 것 사이에는 상관관계가 있을 뿐만 아니라, 소셜 미디어는 민주주의의 파멸을 초래하는 주요한 요인이라고 생각합니다.

• SNS는 본인이 바라지 않는 자기를 강요한다

소셜 미디어의 문제는 사람을 바꿔버린다는 것입니다. 소셜 미디어로 사람의 행동이 바뀐다는 것은 소셜 미디어가 우리에게 '자아'를 부여한다는 의미죠. 그러나 내가 어떤 사람인지를 결정할 권한이 페이스북에 있습니까. 말도 안 되는 일입니다. 그런 것에 시간을 쏟기보다 차라리 소포클레스나 셰익스피어의 작품을 읽거나, 친구와 수다를 떠는 편이 훨씬 낫습니다.

제가 말하는 것은 본래의 '나 자신'이 있고, 소셜 미디어에는 '뒤틀린 나 자신'이 있다는 뜻이 아닙니다. 그와는 반대로 소셜 미디어가 사람에게 본인이 바라지 않는 자신을 밀어붙인다, 혹은 강요한다는 얘기죠. 게다가 그 프로세스가 불투명합니다. 소셜 미디어는 사람들에게 새로운 정체성(아이덴티티)을 강매해 큰돈을 벌고 있습니다.

　한 마디 덧붙이자면 "본래의 자신 따위는 존재하지 않는다"라는 것은 이미 소크라테스가 했던 말입니다. 그는 또 "나는 아무것도 모른다는 사실을 알고 있다"라는 말로도 유명하고, 그 때문에 현자 중의 현자라고 불리지 않습니까. 그러나 후자의 의미를 그리스어로 풀어보면 "나는 아무것도 모르는 나 자신을 인식하고 있다"라는 뜻입니다. 이것은 "나는 아무것도 모른다는 사실을 알고 있다"와는 완전히 다르지요. 소크라테스는 자기 인식에 대해서 말한 것입니다. 자신에게 확고한 본질이 있다는 개념에서 벗어나지 않으면 안 된다는 사고방식은 불교를 위시한 다른 종교에서도 찾아볼 수 있습니다.

　정체성의 정치에도 같은 특징이 있는데, 소셜 미디어는 자신이 본래 갖고 있지 않은 아이덴티티를 강요합니다. 당신이 아프리카계 미국인이라거나 백인이라거나, 좌익이

라거나 우익이라거나, 나이가 적다거나 많다거나, 환경주의
자라든지 그렇지 않다든지, 제멋대로 정해버립니다. 이렇듯
나 자신에게 없었던 정체성을 만들어내곤 합니다만, 그것은
환상에 지나지 않습니다.

이런 식으로 아이덴티티를 밀어붙이면 인간은 잘못
된 자기개념에 따라 행동하게 됩니다. "확고한 자기가 있다
는 생각을 버리는 것이 곧 자기를 발견하는 것이다." 불교에
서는 이렇게 말하는데, 저도 동감합니다. 저라는 인간 역시
지극히 복잡한 프로세스의 덩어리이니까요.

• 팬데믹 상황에서 나는 모든 SNS 계정을 삭제했다

일본에서는 최근 젊은 여성 프로레슬러가 SNS상의 악
성 댓글 때문에 스스로 목숨을 끊었다는[31] 얘기를 들었습니
다. 어떤 대책을 세워도 이러한 사이버폭력Cyberbully은 사라지지
않습니다. SNS가 만들어낸 스트레스는 아시아에서도 여전히

---

31   2020년 5월, 22세의 프로레슬러 기무라 하나가 자살한 사건을 가리킨다. 텔레
      비전 리얼리티 방송에서 보인 자신의 행동을 비난하는 댓글이 SNS에서 쇄도
      한 것이 원인이라 보고 있다.

큰 문제인 모양이로군요.

우리는, 정말이지, 디지털 디톡스Detox를 시작할 필요가 있다고 생각합니다. 그 해독의 프로세스를 매력적인 여행처럼 만들어주면 좋겠지요. 가령 깊은 산속에서 3주 정도 지내면서 그동안 맛있는 식사도 하고, 인터넷에는 일절 접속하지 않는 겁니다. 그것이 첫 번째 스텝입니다.

팬데믹이 한창일 때 저는 모든 소셜 미디어 계정을 삭제했습니다. 페이스북과 트위터 계정을 갖고 있었는데 팬데믹이 발생하고 즉시 이것들을 모두 없애버렸습니다.

놀랍게도 아무런 불편함도 없었습니다. 예를 들어 페이스북으로 미국인 친구와 커뮤니케이션이 되지 않아 난처해지면 어쩌지 생각했지만, 그런 일도 없었습니다. 마약을 끊으면 금단증상이 나타나지만, 소셜 미디어는 그만두어도 전혀 곤란하지 않았습니다.

따라서 소셜 미디어의 이용은 최소한으로 줄이십시오. 그것을 권하고 싶습니다. 페이스북의 서비스 일부 정도는 유지해도 좋을 겁니다. 친구의 근황을 알거나, 사진을 공유하거나, 다른 사람과 교류하는 것에는 아무런 문제가 없습니다. '링크드인LinkedIn' 같은 것은 비즈니스에도 이용가치가 있을 겁니다. 소셜 미디어에는 편리한 면도 많으니까요.

반면 소셜 미디어상에서 해서는 안 될 일이 있습니다. 가령 정치적인 토론이나 철학적·과학적 토론은 해서는 안 됩니다. 진정한 토론이 될 수가 없기 때문입니다. 정치적인 토론은 더욱 시간을 들여야 합니다. 서면 형식으로 토론하거나, 서로 얼굴을 맞대고 토론해야 합니다. 특히 서면 형식은 책의 경우처럼 훌륭한 출판사가 (검열을 하자는 것은 아니지만) 품질 관리를 할 수 있는 형식이 바람직하다는 의미에서 말씀드립니다. 소셜 미디어로는 잘되지 않는 것이죠.

혹은 매우 참신한 아이디어로서 새로운 소셜 미디어를 만들 것을 제안합니다. 지금 있는 소셜 미디어의 문제점을 다들 알고 있으므로 그보다도 우수한 소셜 미디어를 만들면 되지 않겠어요?

새로운 소셜 네트워크를 만드는 것은 좋은 비즈니스가 될 거라고도 생각합니다. 민주적이고 윤리적인 온라인 플랫폼을 만들었다고 해보죠. 그 플랫폼을 아고라(고대 그리스의 광장)라고 부르며 아이디어 시장으로 만드는 건 어떨까요? 저의 아이디어입니다. 게다가 아고라와 연결해서 "Egora(E-고라)"라는 그럴싸한 이름을 붙이는 것도 괜찮지 않을까요? E-고라는 민주적 행동을 배양하는 자리입니다. 거기서는 남을 모욕하는 것이 용납되지 않으므로, 친구를 만들 수 있습니다. 이 플랫폼을 수익화해도 좋을 것입니다. 좋은 목적을 위해 '넛지'를 이용하는 것, 괜찮지 않을까요?

02 동아시아 국가 특유의 커뮤니케이션

• 일본인은 왜 선진국 가운데 가장 고립되어 있는가

일본인은 선진국 중에서도 가장 사회적으로 고립되어 있다는 데이터가 있다고 하더군요. 미시간 대학에서 실시한 '세계 가치관 조사' 결과입니다. 사회적으로 고립되었다는 것은 가족과 친구, 동료 이외의 사람과 만날 기회가 적다는 뜻입니다.

일본과 한국을 포함한 아시아 사람들은 공동체를 존중하고, 유럽인들은 개인을 존중한다는 편협하고 틀에 박힌 관념이 있습니다만, 이 조사 결과는 그러한 스테레오타입을 부정하는 사회학적 증거가 됩니다.

수집한 데이터에 따르면 독일은 전 세계의 맨 밑에서 5위, 유럽 전체로 봐도 마찬가지로 4위쯤 되는 것 같습니다. 실제로 독일인은 (동아시아 사람들보다도) 무리를 지어 행동하는 경향이 있다고 생각합니다. 독일 사회에서는 사람들이 함께 술을 마시거나 산책하는 것이 매우 중요한 역할을 맡고 있습니다. 이것을 독일어로는 '슈파치어강Spaziergang'이라 부릅니다. 산책이라는 뜻이죠. 이러한 문화는 독일 전체에서 볼 수 있습니다.

또한 소셜 미디어에 대한 독일 사람들의 태도는 동아시아인들의 그것과 전혀 다릅니다. 독일인이 직접 사람을 만나는 사회적 접촉을 디지털 접촉으로 바꾸는 일은 매우 드뭅니다.

반면 한국이나 일본에서는 다양한 이유로 디지털 교류가 크게 보급되어 있다고 인식됩니다. 그 원인 중 하나는 서울이나 도쿄의 주거 환경과 많은 인구겠지요. 어떤 기준에 따르면 서울과 도쿄는 좁은 면적에 인구가 몰려 있는 세계적인 대도시입니다. 이러한 상황이 사람을 고립화시킵니다. 게다가 한국이나 일본은 아마 디지털 인프라에 대한 비판이 가장 적은 나라라고 생각합니다. 중국에서도 디지털화가 진행되고 있지만, 감시 국가가 국민에게 디지털화를 강제하고 있는 형편이지, 국민이 스스로 바란 것은 아닙니다. 그런데 한국이나 일본 같은 나라들은 항상 사이버 독재의 최첨단을 달리고 있습니다.

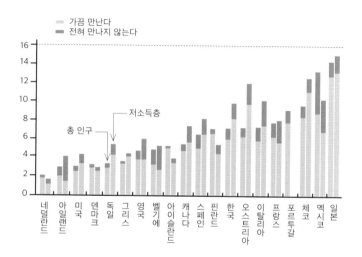

▲ 선진국에서의 사회적 고립 상황

이 주관인인 고립의 측정은 친구, 동료 혹은 가족 이외의 사람과 사교를 목적으로 전혀 만나지 않거나, 아주 가끔만 만난다고 응답한 비율을 말한다. 표에서 국가의 순서는 사회적 고립 비율을 오름차순으로 정리했다. 저소득층이란 응답자에 의해 보고된 소득분포 하위 3분의 1에 위치하는 것이다.

출처 : 'World Values Survey 2001'를 참고한 OECD 편저 《세계의 사회정책 동향》, 아카시 쇼텐, 2005년

2012년 혹은 2013년경 제가 처음으로 일본을 방문했을 때 가장 먼저 느낀 것이 이것입니다. "이게 무슨 일이야, 이 나라는 완전히 사이버 독재잖아!" 모든 사람이 완전히 휴대폰에 지배받으며 행동을 통제당하고 있었어요. 설령 우연이라도 타인의 몸에 절대 닿으면 안 된다는 규칙이 있는 것처럼 느껴졌습니다.

• 의견의 대립을 어떻게 해소할까

일본 사람들의 커뮤니케이션이 지닌 특이한 점을 하나 더 들어보죠. 일본인은 서로 의견이 대립할 때, 다른 나라들과는 꽤 다른 방법으로, 그러니까, 주로 대립을 피하는 방향으로 처리합니다. 갈등을 합리적으로 해소하는 과정이나 진짜 제대로 된 토론을 도입할 여지가 더욱 있을 것입니다. 일본 사람들은 일상생활 속에 그러한 기회를 늘려야 한다고 생각합니다. 대립을 피하려고 하지 말고, 오히려 대립을 늘리고, 대립에 직면할 기회를 늘리는 것이지요. 그런 다음 진지하게 토론을 벌이는 것입니다.

위르겐 하버마스Jürgen Habermas[32]의 사회론에 매우 좋은 아이디어가 있습니다. 냉정하게 논쟁(디베이트)을 하고 싶다면 논쟁을 위한 시간과 공간을 확실히 설정해둬야 한다는 것입니다. 공간이 있다면, 설사 대립이 생기더라도 완전히 개인적인 대립이 되지는 않습니다. 뒤숭숭한 충돌로 번질지도 모르는 중요한 문제가 있어도, 냉정하게 대화를 나누는 강력한 토론이 필요합니다.

그러기 위해서는 클럽이나 미디어, 회의, 이벤트 등 어떤 형태로든 플랫폼이 필요합니다. 정반대의 의견을 지닌 두 인간이 같은 공간에서 서로 호통을 치는 것이 아니라, 상반된 아이디어를 내놓은 두 사람이 어느 쪽이 옳은가를 결정하기 위해 이야기를 나눈다는, 그런 이유로 논쟁이 진행되어야 합니다. 철학의 디베이트는 바로 그렇게 이뤄집니다.

저는 우리 시대의 가장 흥미롭고 가장 훌륭한 윤리학

---

32   위르겐 하버마스(1929~) 독일의 철학자. 이성에는 생에 종속된 도구적 이성
      뿐만이 아니라, 커뮤니티 이성도 있다고 생각하며, 토의로 사회를 바꾸는 프로
      세스를 제창했다.

자 중 한 사람인 그레이엄 프리스트^{Graham Priest}[33] 뉴욕시립대학교 특별교수와 함께 책을 만들었고, 프리스트는 독일에 한 달간 머물렀습니다. 혹시 우리 두 사람이 서로 '상대가 논리적으로 어떤 실수를 범했다'고 생각하면, 우리 사이에는 대립이 생겨납니다. 저는 반박할 것이고, 그 역시 반론을 펼칠 겁니다. 프리스트가 "당신이 틀렸어"라고 말하고, 저는 "아니, 당신이야말로 틀린 거지"라고 대답합니다. 하지만 우리는 과학자와 철학자입니다. 그렇게 서로 화를 내는 대신 둘이서 의자에 앉아 이렇게 대화를 나눌 수 있겠지요. "자, 당신이 뭐라고 말했더라? 왜 그렇게 생각하는 거지? 그 의견을 뒷받침할 근거는? 내가 당신이 틀렸다고 생각하는 이유는 이거야. 그 근거는 이렇고."

그런 다음 찬반을 리스트로 만든 뒤, 마지막으로 둘이서 그 리스트를 차근차근 들여다보고 합리적인 근거를 검토하는 거죠. 그렇게 도출해낸 결론은 서로의 타협점 어딘가에 놓여 있을 겁니다. 그가 믿는 것에는 제 견해보다 뛰어난 부분이 있을 테고, 제가 믿는 것에도 그의 견해보다 뛰어

---

33   그레이엄 프리스트(1948~) : 전문은 윤리학, 형이상학. 서양 및 동양철학사. 실재하지 않는 존재자를 인정하는 신마이농주의의 입장에 선다. 주요 저서로 《존재하지 않는 것을 향하여》가 있다.

난 부분이 있을 것이기 때문입니다. 그것을 통합하면 더욱 괜찮은 신념 시스템이 만들어집니다. 이것이 철학적인 토론 구조입니다.

혹시 둘의 논의가 단지 반론이 되어버린다면 곤란하지요. 예를 들어서 "당신 같은 사람들은 항상 똑같은 말만 하더군" 같은 말을 토론의 장에 꺼내놓으면 안 됩니다. '당신 같은 사람들'이라고 하는 판국에 대화가 되겠습니까. 이러한 생각의 교환은 모두 논리적인 토론의 기본 법칙에 따라 이뤄져야만 합니다. 인신공격의 논법은 허용되어서는 안 됩니다. 인신공격이란 "네가 하는 말이라면, 그 말은 무조건 틀렸어" 같은 사고방식인데, 그것은 절대 올바르지 않습니다. 그건 그저 오류일 뿐이죠.

03 독일인과 뉴요커의 커뮤니케이션

Markus Gabriel

● 독일은 '함께 맥주를 마시는 것'을 축으로 한 사회

저는 팬데믹이 일어난 뒤 정기적으로 베를린에 가는데 베를린에는 록다운이 시행되지 않았습니다. 겉으로는 록다운을 실시한다고 말하고 있었지만, 그 시기에 베를린을 찾았더니 마치 우드스톡[34]이나 다를 바 없더군요. (웃음) 참으로 어중간한 봉쇄였고, 사람들은 평소와 다름없이 밖을 걸어 다녔습니다. 여러분도 베를린에 가보면 아시겠지만(저는 바로 지난 주말에 다녀왔는데), '파티 시티' 그러니까 노는 것을 사랑하는 도시였습니다. 예전보다 마스크를 쓴 사람이 많아지긴 했습니다만, 그게

---

34   우드스톡 : 1969년 여름, 뉴욕주 우드스톡에서 개최되었던 전설적인 대규모 야외 콘서트.

다였죠.

독일 사회는 옥토버페스트Oktoberfest[35] 등으로 상징되듯, 사람들이 모여 함께 맥주를 마시는 것을 축으로 하는 사회입니다. 그것은 독일에서 굉장히 중요한 관습이지요. 한국이나 일본 사람들도 밤에는 동료들과 어울려 한잔하러 가겠지만, 독일인에게는 더욱 여가가 많습니다. 독일인은 평일에는 일을 하고, 주말은 일하지 않고 자유롭게 보내는 것을 아주 중요하게 여기거든요.

이처럼 자세히 보면 진실은 틀에 박힌 관념과는 정반대여서, 유럽인이 공동체를 더 중요시하고 아시아인이 오히려 더 고립되어 있을지도 모릅니다.

그런 의미에서는 독일이 한국이나 일본보다도 더 빨리 집단면역을 달성할지도 모릅니다. 독일은 조용히 일정한 속도로 집단면역으로 향해 나아가고 있다는 생각이 들거든요. 문제는 어느 정도의 속도로 집단면역에 도달해야 경제에 가장 좋을까 하는 점입니다. 현시점에서는 아직 정답을

———

35   옥토버페스트 매년 가을, 뮌헨에서 열리는 세계 최대 규모의 축제.

모르고 있지만, 언젠가는 알 수 있겠지요.

• 뉴요커의 커뮤니케이션

저도 한동안 뉴욕에 살았었는데요, 뉴욕은 또 다른
의미로 시민이 자주 모임을 만드는 도시였습니다.

뉴욕 사람들은 요리를 별로 하지 않으므로 레스토랑
에서 사람을 만나는 경우가 많습니다. 미국 사람들, 정말 요
리를 안 합니다. 부엌이 불편해서 할 수 없겠지요. 저는 그냥
기본적인 요리는 하는 편인데, 미국에서 살 땐 요리를 하고
싶어도 그러지 못했습니다. 그리고 미국은 독일보다 식품의
질도 떨어집니다. 보기에 따라서는 모든 것이 뒤떨어진다고
할 수 있죠. 그래서 식생활에 관한 한, 미국에서의 추억은 그
리 좋은 게 별로 없습니다.

아무튼 미국 사람들은 자주 레스토랑에서 어울리곤
하는데, 뉴욕 사람들은 특히 그런 경향이 강합니다. 그 때문
에 뉴욕은 특별히 바이러스의 피해가 컸다고 생각합니다.
레스토랑처럼 좁고 혼잡해 공기가 안 좋은 환경은 집단 감

염을 일으키고 슈퍼전파자를 만들 위험이 크잖아요. 뉴욕은 과연 '슈퍼전파자의 도시'였습니다.

뉴요커는 무리를 지어 행동한다는 의미에서 매우 사교적입니다. 이 도시에서는 어딜 가도 사람들의 무리밖에 없는 것 같습니다. 레스토랑에도, 지하철에도, 체육관에도 무리를 지은 사람들뿐이거든요. 집은 좁고, 사람들은 밖에서 접촉하기만 합니다. 뉴요커는 서로 끌어안기도 자주 해서 남과 접촉합니다. 따라서 뉴욕에서 이렇게 무거운 병을 일으키는 바이러스가 만연하고, 건강에 문제가 생기는 것은 당연하게 느껴집니다.

그런가 하면, 미국인에게는 매우 비사교적인 면도 있습니다. 사람과 자주 만나 대화는 하지만 피상적인 교류가 많습니다. 그래서 미국인과 친구가 되려면 시간이 아주 많이 걸립니다. 10년쯤은 걸리겠지요. 미국인들은 절대로 사람을 쉽게 신뢰하지 않습니다.

반면에 유럽 사람들은 두 달 정도면 친구가 될 수 있습니다. 미국인들은 소셜 미디어를 통해 많은 사람과 연결되어 있지만, 그 연결고리는 굉장히 약하다고 생각합니다.

미국에서는 얼마나 많은 사람과 연결되어 있느냐 하는 '연결의 양'을 중시하지만, 여기 독일에서는 다른 사람과 어떻게 이어져 있느냐 하는 '연결의 방식'이 아주 튼튼합니다.

한국이나 일본 같은 나라에서 사회적인 연결이 정말 약한지 어떤지, 저는 아직 실감해보지 못해서 모릅니다만, 유럽인의 눈으로 볼 때 적어도 미국에서는 사회적인 연결이 매우 취약하다고 느꼈습니다.

• 공동체주의가 신자유주의를 대신하는 시대가 온다

지난 주말 베를린에 갔을 때, 저는 진보적이고 멋진 한 호텔에 묵었습니다. 미헬베르거Michelberger라는 이름의 호텔입니다. 지금 세계 최고의 호텔 가운데 하나로 꼽히는데, 지역의 유기농 식재료를 이용한 레스토랑과 개인용 사우나가 딸린 독특한 개인실이 있어, 무척 재미있는 호텔이지요. 베를린에 가볼 일이 있다면 꼭 방문해 보십시오. 분명 감탄할 것입니다. 와인도 호텔에서 직접 만들어서, 제가 지금까지 본 가운데 최고의 호텔입니다.

'미헬베르거'는 호텔 오너의 이름인데요, 저는 그분과 완전히 친해졌습니다. 제가 지난 주말에 갔던 것은 소위 '파이어사이드 챗Fireside Chat', 그러니까, '노변정담爐邊情談' 혹은 '노변한담爐邊閑談'을 위해서였는데, 진짜로 난로에다 불을 지펴놓고 얘기를 나눴습니다. 초대받은 사람은 모두 40명이었고, 팬데믹 기간 중 건강을 배려해 호텔의 옥외 공간에서 모임이 열렸습니다. 독일 축구계의 유명 인사들, 사업가, 예술가, 철학가, 젊은 활동가 등이 참석했지요. 이 구성원들로 다양한 형태의 커뮤니티를 형성하는 데 다들 몰두했습니다. 규칙은 특별히 없고, 예를 들자면 계몽주의에 대한 커뮤니티를 만들어가는 등 고도의 활동이었습니다.

딱히 규칙도 프로그램도 없이 40명이 그저 자유롭게 참가했습니다. 여러 개의 방에다 한 장씩 뒤로 넘기는 플립차트를 놓아두고, 무엇이든 괜찮으니 맘대로 하라고 했습니다. 그 결과 다양한 형태의 커뮤니티가 형성되었고, 마지막으로 젊은 활동가들이 연극을 상연하기도 했습니다. 자연스러운 대화와 같은 연극이어서 처음에는 그게 예술작품인지조차 알지 못했습니다.

그들이 표현한 것은 사회적 권력을 지닌 참가자와 젊은 그들 사이에 어떤 대칭성Symmetry이 있다는 점이었지요. 그들이 연극의 상연을 통해서 모두에게 반성을 촉구했고, 그것으로 커뮤니티 의식이 높아졌습니다. 그것이 이 시도의 목적이었습니다.

이러한 예처럼 독일은 지금 개인 간의 커뮤니티를 빠르게 만들려고 하고 있습니다. 그리고 이것을 '연대連帶, Solidarität'라는 말로 표현했습니다. 그 결과, 공동체주의가 틀림없이 신자유주의를 대체할 겁니다. 유럽에서는 이미 정치적 자유주의에서 공동체주의로 옮아가는 현상을 볼 수 있습니다. 저도 커뮤니티 형성에 강제로 참여하게 되어 도망칠 수 없습니다. (웃음) 도망칠 수 있다면야 도망치겠지만, 불가능합니다.

• '혼자 있는 것'과 '고독'을 구별해야 한다

앞서 언급한 베를린에서의 모임에 참가한 사람 중에 로마클럽The Club of Rome[36]의 멤버인 슈테판 브룬후버Stefan Brunnhuber라는 유명한 정신과 의사가 있었습니다. 그는 '혼자 있는 것'과 '고독'을 구별했습니다. 고독은 사람과 만나고 싶은데 만날 수 없는 상태를 가리키며 여기엔 고통이 따릅니다. 그러나 혼자 있는 것은 그 자체로 아무 문제가 없습니다. 예를 들어 제가 혼자 책을 읽는 것은 지극히 평범한 일 아니겠습

---

36   로마클럽 : 1969년에 설립된 민간 싱크탱크. 1972년에 '성장의 한계(The Limits to Growth)'라는 제목으로 최초의 주요 보고서를 발표한 것으로 유명하다.

니까.

브룬후버는 혼자 있으면서도 고독해지지 않는 법을 배우기 위해 이집트의 사막에서 2년간 은둔 생활을 했습니다. 2년간 아무하고도 만나지 않고, 누구와도 대화하지 않은 것입니다. 상상만 해도 두렵지 않습니까? 그러나 그는 이 경험을 통해 자신의 정신 상태를 이해하고, 전보다도 뛰어난 정신과 의사가 되었습니다.

지금도 이집트의 사막에는 이렇게 생활하고 있는 커뮤니티가 있습니다. 라자루스Lazarus El Anthony라는 호주인 신부가 이 모임을 주도하고 있습니다. 라자루스는 원래 사업가였다고 들었습니다만, 그가 구체적으로 무엇을 했는지는 모릅니다. 이 신부에 관한 BBC 다큐멘터리를 보았는데, 그의 커뮤니티에는 진짜로 2000년 전의 관행에 따라 살아가는 은둔 수도사 Hermit Monk[37]가 있습니다.

반면 사회적 거리 두기에 따른 고독은 병적인 현상이

---

37   은둔 수도사 : 초기 기독교의 수도사. 수도회가 성립되기 전에 사회에서 떨어진 생활을 신에게 바친 기독교 신자.

라고 생각합니다. 독일이 봉쇄 조치를 다시 실행하지 않는 이유 중 하나는 고독이 병적이기 때문입니다.

마침 오늘 뉴스에서 독일 메르켈 총리와 각 주의 총리가 50명 이하의 집회를 허가하기로 결정했다는 보도가 나왔습니다. 록다운은 실시하지 않고, 50명까지라면 모일 수 있는 것입니다.

50명이든 혹은 25명이든, 그 정도는 커뮤니티 형성에 최적인 인원수라고 생각합니다. 그런 의미에서 독일은 적극적으로 커뮤니티 형성에 임하고 있는 것인지도 모릅니다. 25명의 집단이라면 민주적으로 조직화할 수 있습니다. 이러한 그룹이 많이 생기면 생길수록 민주주의가 더 튼튼해질지도 모르겠습니다. 이것은 독일에 있어서도 좋은 전략일 수도 있겠지요.

다만 현실적으로 이집트에서 은둔 생활을 하는 것은 아무나 쉽사리 할 수 있는 일이 아닙니다. 앞으로 평균 연령이 점점 늘어나고 고독한 노인들이 자꾸 증가한다면, 그 방대한 시간을 어떻게 보내야 할 것인가 하는 문제가 대두될 겁니다.

고령자는 직감에 따르는 것이 무엇보다 중요합니다. 아리스토텔레스가 이렇게 말했잖아요. "인간은 태어나면서부터 알고자 하는 욕망이 있다." 일반적으로 인간에게는 호기심이 있으므로 그 호기심을 추구하는 것이 좋습니다. 육체는 늙어가지만, 그렇다고 해서 정신까지 늙을 필요는 없습니다. 노쇠는 누구에게나 찾아오지만, 나이를 먹어도 젊은이와 같은 마음으로 살아갈 수가 있습니다. 거울을 본다든지 옛날 사진을 들여다보면서 10년 전과 다른 자신에게 놀라는 일도 있겠지요. 그러나 마음이 젊다면 아직 젊은 겁니다. 외모는 상관없습니다.

연세가 높은 분들은 자신이 흥미를 느낀 것을 잊어서는 안 됩니다. 관심이 있는 것을 꾸준히 하면 좋지 않을까요. 예를 들어 체스를 한다든가, 외국어를 공부해도 좋겠지요. 옛날부터 배우고 싶었던 언어가 있다면 책을 사서 공부해보면 어떨까요.

칼럼

• 하이데거가 범한 과오 : (1) '자기인식에는 실수가 발생할 여지가 없다'

마틴 하이데거Martin Heidegger, 1889~1976가 잘못을 저지른 것은 확실합니다. 그에게는 윤리관이 없었습니다.

그는 저와 같은 실존주의자였지만, 저보다 더욱 실존주의에 치우쳐져 있었습니다. 그가 《존재와 시간Sein und Zeit》에서 범한 실수는, 인간의 자기개념은 올바르지도 않거니와 틀리지도 않는다고 생각한 것입니다. 가령 제가 이렇게 믿는다고 칩시다. "나에게는 불멸의 영혼이 있어!" 그렇다 하더라도 하이데거는 제가 틀리지 않는다고 생각했습니다. 즉 자기 인식에는 실수가 발생할 여지가 없다는 것이지요. 그건 하이데거가 애초부터 정체성이란 존재하지 않는다고 생각했기 때문입니다.

인간이 자신에 대해 잘못된 인식을 할 리가 없고, 자

신에 대해 환상을 품을 리가 없다고 생각했으니, 그 자신이 환상에 사로잡힌 것이었습니다. 환상이 없다고 생각한 것 자체가 바로 환상이잖아요. 이처럼 하이데거는 이중으로 환상에 사로잡혀 있었습니다.

또한 하이데거는 인간은 자신이 누구인지를 결정할 수 있고, 어떤 존재도 될 수 있을 뿐 아니라, 인간을 객관적으로 평가하는 기준, 특히 윤리적인 기준은 존재하지 않는다고 생각했습니다. 예를 들어 누군가가 히틀러처럼 되고 싶다고 생각하더라도, 하이데거의 관점에서 보면 그 사람은 윤리적으로 잘못을 저지르지 않았다는 뜻이 되죠. 히틀러는 단지 히틀러일 뿐이고, 하이데거는 그저 하이데거일 뿐이라고 말입니다. 하이데거의 논리를 따르면 히틀러처럼 되는 것 자체는 아무런 문제가 없습니다.

저는 당연히 그것은 틀렸다고 생각합니다. 즉 히틀러가 되는 것은 중대한 잘못이라고요. 히틀러의 정책에 희생된 사람들뿐만 아니라, 히틀러 자신에게도 끔찍한 잘못이기 때문입니다. 그러나 하이데거의 세계에서는 실수가 발생할 여지가 없습니다.

《존재와 시간》에서 그는 본래성 'Eigentlichkeit' 혹은 'Authenticity' 과 비본래성 'Uneigentlichkeit' 혹은 'Inauthenticity' 을 구별하며, 그 것은 언뜻 보기에 옳고 그름을 나누는 기준인 것 같습니다.

그러나 하이데거는 비본래성의 조건을 확실히 하지 않았습니다. 그가 제시한 유일한 기준은 다른 모든 인간이 하고 있다는 이유만으로 그와 똑같은 행동을 취하는 것은 비본래적이라는 것입니다. 예를 들어 다른 사람들이 모두 신문을 읽고 있다고 해서 신문을 읽는 것은 비본래적이라는 말입니다. 반대로 본래적이란 어떤 것일까요? '읽고 싶으니 까 신문을 읽는다'는 것이 본래적일지도 모르겠습니다.

여기에 문제가 있는 것을 아시겠지요. 모든 인간이 나치당에 가입했으니 자신도 가입한다면 그것은 비본래적 입니다. 그러나 나치당의 창시자는 진짜 나치이므로 본래적 입니다. 즉 하이데거는 히틀러에 대해서는 아무 이의가 없 다는 뜻입니다. 그것이야말로 문제죠. 그는 구체적으로 히 틀러를 옹호하려고 나서지는 않았지만, 그렇다고 규탄한 적 도 아예 없었습니다.

• 하이데거가 범한 과오 : (2) 반공산주의, 반민주주의 였던 하이데거

하이데거는 정치적으로 속기 쉬운 성격이라 온갖 프로파간다(선전·선동)를 그대로 받아들였습니다. 그는 나치에 투표한 다른 독일인과 마찬가지로 독일이 공산주의에 위협을 받고 있다고 믿었습니다. 하이데거는 반유대주의자이기도 했지만, 대다수 나치와 마찬가지로 그의 가장 큰 관심사는 공산주의였습니다.

하이데거는 반공산주의자이면서 반민주주의자이기도 했습니다. 그는 분명 철학의 천재였으며 스스로 그 사실을 자각하고 있었습니다. 만약 나 자신이 하이데거나 플라톤, 혹은 헤겔이라고 해봅시다. 그리고 자신의 위대함을 인식하고 있다고 칩시다. 즉 나 자신이 바로 그 헤겔일 뿐만 아니라 헤겔이라는 사실을 자각하고 있다고 말입니다. 자신이 철학의 천재임을 자각하고 있다면, 인간은 어떻게 할 것 같습니까? 위대한 철학자는 국민의 통치에 관여해야 한다고 생각하는 경향이 강한데, 하이데거도 바로 그렇게 생각하고 있었습니다.

그러나 그 생각은 잘못되었습니다. 철학자에게는 어떤 종류의 선견지명이 있긴 하지만, 정치가도 아닐뿐더러 정치적 기술이 있지도 않습니다. 그러나 하이데거는 자신에게 그러한 기술이 있다고 믿고, 자신은 위대한 존재라는 망상을 펼치기 시작했습니다. 즉 그의 대표적인 작품인《존재와 시간》의 핵심에 철학적 오류가 있다는 뜻이 됩니다.

하이데거에게는 반유대주의자인 데다 대단한 인종차별주의자인 아내가 있었습니다. 그러면서도 그는 한나 아렌트Hannah Arendt[38]와 불륜 관계이기도 했습니다. 하이데거의 심리를 말해주지 않습니까? 반유대주의자 아내가 있으면서 유대인 애인도 있었죠. 복잡한 가정의 이야기입니다. 어찌되었든 하이데거는 완벽한 나치였습니다.

---

38   한나 아렌트(1906~1975) : 독일 출신 유대인으로 하이델베르크대학교에서 야스퍼스와 하이데거로부터 철학을 배웠다. 나치 정권 성립 후에는 파리, 이어서 미국으로 망명했다.《전체주의의 기원》을 통해 나치즘, 구 소련의 공산주의 같은 전체주의 구조를 연구했다.

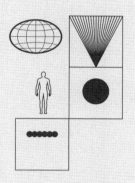

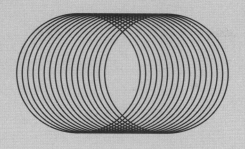

4장

새로운 경제활동의 연결 ― 윤리자본주의의 미래

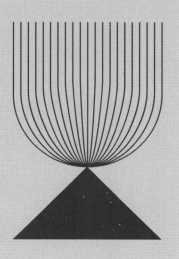

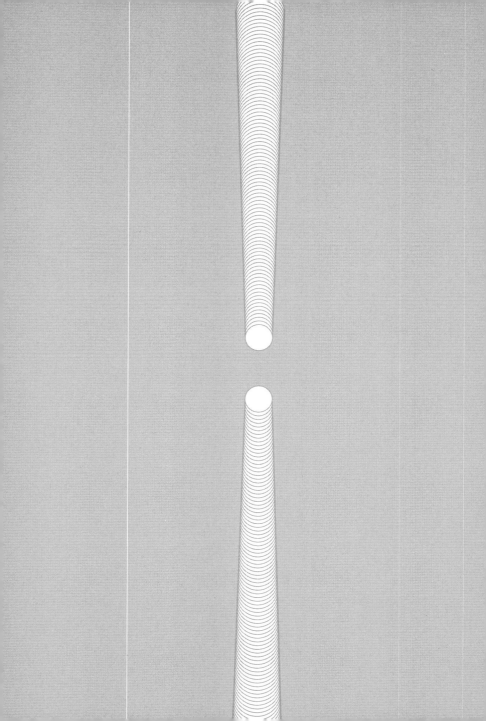

• **윤리적인 기업과 비즈니스 모델 — 내가 관여한 프로젝트를 중심으로**

앞서 언급한 미헬베르거 호텔은 완전하게 윤리적이어서 성공한 호텔입니다. 유기농 식재료만 사용하고, 체육관 대신 명상실을 마련해서 매일 아침 명상 강습을 개최합니다. 요가 수업도 매일 아침 열리는데, 스포츠 요가가 아니라 느긋한 요가입니다. 스트레스가 전혀 없지요.

게다가 사회계발 세미나도 제공하고 있습니다. 이 호텔은 팬데믹이 시작된 후에도 단 한 번 폐쇄하지 않고 영업을 계속했습니다. 심지어 무척 잘되고 있죠. 반면에 베를린 중심부에 있는 소피텔Sofitel은 최고로 치는 5성급 호텔이지만,

도산 위기에 빠졌다고 들었습니다. 그 외에도 같은 운명을 맞이한 호텔들이 베를린에는 부지기수입니다. 지금은 사업가의 해외 출장이 없기 때문입니다.

미헬베르거 호텔처럼 윤리적이기에 성공한 기업도 많이 눈에 띕니다. 이러한 기업은 윤리자본주의Ethical Capitalism의 상징이라 할 수 있는 존재입니다.

다른 예도 들어보죠. 에르크 리크메르스Erck R. C. Rickmers는 독일 최대의 선박 회사의 경영자입니다. 그가 경영하는 E. R. 캐피털 홀딩E.R. CAPITAL HOLDING GmbH & Cie. KG은 180척이나 되는 석유수송선 등의 대형 선박을 판매하는 회사로, 현재 자선 사업을 벌이고 있습니다. 팬데믹이 한창이었을 때는 백신 산업에도 투자해 더욱 막대한 부를 축적했습니다. 그의 개인 자산은 수억 달러 수준이었지만, 세상을 위한 사업에 투자해 자산을 더욱 늘렸던 것입니다.

리크메르스는 백신 외에 철학자에게도 투자했습니다. 뉴 인스티튜트New Institute라는 새로운 연구소를 설립했죠. 저는 이 조직에 1년간 몸담고 일할 예정입니다. 그리고 그는 함부르크의 노른자위 땅에 있는 한 거리를 따라 정치가와 학자가 모여 비즈니스나 법 제도 같은 주제를 논의할 수 있는 자리를 만들려 합니다. 그곳에 공동 주택, 레스토랑, 정원, 회의실 등이 만들어질 예정입니다.

또 다른 예가 있습니다. 제가 최근 함께 일을 시작한 HPP라는 건축 회사입니다. 홈페이지는 'HPP.com'입니다. 규모가 큰 회사인데, 조만간 저는 이 회사와 함께 투자가들을 만나기로 했습니다. 우리의 구상은 아까 언급한 베를린 호텔처럼 완전히 지속 가능한 지방 관광업을 독일 전역에서 일으키는 것입니다. 이제 독일 사람들은 관광을 위해 해외로 나서지 않아도 될지 모릅니다.

EU에서는 오버투어리즘Overtourism, 곧 과잉 관광이 윤리 문제로 대두되고 있습니다. 과잉 관광은 스페인과 프랑스, 이탈리아의 어느 지역을 망가뜨렸습니다. 이런 일을 바라는 사람은 아무도 없습니다. 그렇다면 지방 관광의 새로운 형태를 고안해 소규모 도시를 건설하면 좋지 않을까요? 우리가 구상하는 것은 호텔을 중심으로 도시를 만들어 도시 전체에서 호텔과 같은 생활을 할 수 있도록 만드는 것입니다.

이것들이 제가 지금 관여하고 있는 프로젝트 중 일부

입니다. 방금 소개한 것과 같은 기업이나 비즈니스 모델은 앞으로도 늘어나겠지요.

• 크리스티안 마두스베르그의 활동

저는 세일즈포스닷컴과 구글의 윤리 부문에서도 일하고 있습니다. 이러한 윤리 부문이 생겨난 배경은 몇 가지가 있는데, 그중에서도 아주 큰 영향력을 지닌 사람이 있었습니다. 크리스티안 마두스베르그Christian Madsbjerg[39]라는 철학자입니다. 동아시아 지역에서도 유명하다고 하니까, 여러분이 알지도 모르겠습니다.

그는 ReD 어소시에이츠ReD Associates라는 회사를 운영해 커다란 성공을 거뒀습니다. 저도 이 회사를 방문한 적이 있는데, 그의 사무실은 맨해튼의 금융가에 있습니다. 일찍이 J. D. 록펠러의 사무실이었던 장소라고 합니다.

---

[39]   크리스티안 마두스베르그 : ReD 어소시에이츠의 창립자. ReD는 인간과학을 기반으로 한 전략 컨설턴트 회사로서 문화인류학, 사회학, 역사학, 철학 전문가를 갖추고 있다.

그의 주요 고객은 소셜 미디어 분야의 대기업들이지만, 여기엔 레고도 포함되어 있습니다. 갑자기 영화 〈레고〉가 화제였던 때를 기억하십니까? 레고를 주인공으로 하는 영화를 만들어야 한다는 아이디어를 떠올린 사람이 바로 마두스베르그입니다. 그는 독특한 비즈니스 아이디어를 지닌 데다 철학자로서도 뛰어나며, 지금은 경제적으로도 매우 풍족합니다.

마두스베르그는 윤리자본주의의 좋은 예입니다. 그는 제가 출연했던 NHK 〈욕망의 시대의 철학 2020 : 마르쿠스 가브리엘 NY 사색 다큐멘터리〉에도 나와주었죠. 우리는 그의 사무실에서 만났습니다.

또 다른 미국에서의 움직임을 예로 들어볼까요. 개인 자산이 10억 달러를 넘는 억만장자 니콜라스 베르그루엔 Nicolas Berggruen이 로스앤젤레스에 베르그루엔 인스티튜트 Berggruen Institute[40]라는 곳을 만들었는데, 이 연구소도 다양한 시도를 하고 있습니다. 제가 제안한 것 같은 일을 베르그루엔도 하려

---

40   베르그루엔 인스티튜트 : 대부호 니콜라스 베르그루엔이 2010년에 설립한 기구. "정치적, 사회적 제도를 재구축하기 위한 기본적인 아이디어를 창출하기 위해 설립되었다."—동 연구소 홈페이지에서

는 것입니다.

　다음 주에 저는 함부르크 시장과 중국 기업 화웨이의 독일 지사장과 만날 예정인데, 그 자리에는 구글 독일의 사장도 참가해 디지털 시대의 윤리에 관해 이야기를 나누기로 했습니다.

　또 그다음 주에는 세일즈포스닷컴 및 BMW와의 토론회가 있습니다. 그러고 나면 세계경제포럼과도 온라인 회의로 만나기로 했습니다. 저의 의견에 귀를 기울여주는 사람들이 있다는 뜻입니다. 물론 앞으로 어떻게 될지는 모르겠지만, 저의 이야기를 진지하게 듣고 새로운 일을 시작할 준비가 된 사람들이 있다는 얘기죠. 윤리자본주의를 도입해야 한다는 저의 주장을 그들에게 어떻게 설득할지가 당면한 과제입니다.

• '신계몽'의 시도

　또 하나 제가 관여하고 있는 프로젝트 가운데 제가 '신계몽New Enlightenment'이라 부르는 것이 있습니다. 유럽만이 아니라 전 세계를 아우르는 공동체를 만들기 위한 프로젝트입니다.

신계몽이란 과학과 인문학, 정치, 비즈니스가 가장 숭고한 목표를 위해 서로 협력하겠다는 사고방식입니다. 여기서 가장 숭고한 목표란 지구상의 인류와 동물의 건전성과 지속 가능성으로, 비즈니스를 포함한 우리의 모든 행동이 이것을 목표로 해야 한다는 생각입니다.

지금까지 이러한 시도는 없었습니다. 이상적인 목표처럼 보이지만, 이러한 프로젝트를 시작한 사회가 지금까지는 없었습니다. 따라서 전혀 새로운 아이디어입니다. 너무나 케케묵은 아이디어처럼 보이지만, 곰곰이 들여다보면 급진적인 아이디어입니다. 저는 독일에서 2020년 발표한 새 책 《암흑시대의 윤리적 진보》에서 이것을 '신계몽'이라 불렀습니다. 이 책은 현재 독일에서 베스트셀러가 되어 있습니다.

신계몽의 근간에 있는 것은 전 세계에 공통된 보편적인 윤리성입니다. 이 세계에서 살아가는 사람들 모두가 함께 팬데믹에 맞서야 합니다. 그 이외에는 아무런 방법이 없다는 것을 우리는 잘 알고 있습니다. 백신을 배포하는 방법에 대해 생각해보십시오. 명백하지 않습니까.

• 중국이 민주화되기를 바라지 않는다는 역설

왜 지금 이 시점에서 윤리자본주의에 대한 관심이 높아졌을까요? 우리 자신의 소비 행동으로 인해 세계 어딘가에서 아이들이 죽지 않으면 안 되는 상황이 생기는 것이 우리 모두 싫기 때문입니다.

예를 들어보죠. 어떤 브랜드의 고급 가방을 산다면 간접적으로 살인에 가담하게 될 가능성이 있다는 점을 한번 생각해보십시오. 물론 그 브랜드를 소유한 기업이 직접 사람을 죽이는 것은 아닙니다. 하지만 공급망에서 나타날 수 있는 불균형한 관계가 의도하지 않은 부작용을 초래해, 아프리카의 수질을 악화시키고 있는 것입니다. 우리의 소비

행태와 수질 오염에는 이런 상관관계가 있습니다.

또한 우리의 소비 행동은 중국의 비참한 공장과도 관계가 있습니다. 우리는 한편으로는 중국을 비판하면서, 다른 한편으로는 중국 사람들에게 열악한 환경을 강요하고 있습니다. 중국의 노동자들은 비참한 인생을 살고 있어요. 우리의 일상생활은 중국 공산주의 독재 체제의 도움을 받고 있다는 뜻이지요. "중국은 더욱 민주화되어야 한다!" 같은 주장은 사실 우리에겐 불편한 프로파간다입니다. 중국이 혹시 민주화된다면 필요한 소비재를 충분히 손에 넣지 못하게 되겠지요. 실제로는 중국이 민주화되지 않기를 바라는 패러독스역설가 존재한다는 것입니다. 그렇기 때문에 우리는 중국과 대화하려 하지 않습니다. 우리는 중국을 공산당 독재라고 비난하면서, 돌아서서는 중국이 우리를 위해서 저렴한 상품을 만들어내도록 부추기고 있는 것입니다.

이렇게 보면 지금 상황이 바람직하다고 생각하는 사람은 아마도 없겠지요. 중국의 노동자들이 공장에 틀어박혀 하루 18시간 일하고, 적은 양의 밥밖에 먹지 못하고, 가족과도 만날 수 없고, 때로는 두들겨 맞기도 하는 상황을 저도 원하지 않습니다. 이런 인생을 살아가는 사람이 있는 세계에서는 살고 싶지 않습니다.

강제수용소가 있는 세계에서도 살고 싶지 않습니다. 그것이 독일이든, 북한이든 상관없습니다. 이 세상에 강제수용소가 존재하는 것 자체가 문제입니다. 윤리적 통찰이란 바로 이런 것입니다. 누구라도 "중국인이 더 많이 죽으면 되잖아" 따위의 대답을 내놓진 않겠지요. 인류가 윤리적인 기준에 따라 살 수 있는 세계가 필요합니다.

• 윤리자본주의의 미래

21세기는 윤리자본주의의 시대입니다. 제가 널리 퍼뜨리고자 하는 캐치프레이즈는 이런 겁니다. "세계에서 최초로 지속 가능하며, 윤리적인 자본주의 체제를 만든 나라가 21세기에 가장 부유한 초강대국이 될 것이다."

유럽은 현재 지정학적 환경 속에서 이미 그런 표어에 가까운 일을 하고 있습니다. 독일에서는 이것을 사회자본주의, 사회시장경제라 부르고 있으며, 이는 실제로 헌법에도 명기되어 있습니다. 그 점에서 미국의 자본주의와는 이미 전혀 다른 것입니다.

그러나 독일에서도 사회자본주의의 업데이트, 말하자면 '소셜 캐피털리즘 2.0'이 필요합니다. 그것이 윤리자본주의인데, 이것을 세계적으로 펼치지 않으면 안 됩니다. 지구촌을 모두 아우르는 윤리자본주의를 형성할 수 있다면 큰 돈을 벌 수 있겠지요. 그것으로 페이스북을 이기는 겁니다.

앞으로 윤리자본주의가 더욱 진화해 모든 기업에 철학과가 만들어지면 좋겠습니다. 지금 어느 회사든 경리과가 있는 것처럼 말이지요. 회계사가 없는 비즈니스는 성립이 안 됩니다. 상상도 할 수 없겠지요. 마찬가지로 철학자가 없으면 비즈니스가 성립되지 않는 미래를 한번 상상해보십시오. 윤리 규정이 있고, 윤리학자, 철학자, 인문학 교수 같은 사람들을 고용해 매일 일을 하도록 하는 것입니다.

그들에게 경영 회의에 참여하도록 하고, 회계사에게 의견을 듣는 것처럼 그들의 의견도 듣는 것입니다. 그리고는 이렇게 묻는 거예요. "철학자의 관점에서 이 아이디어는 좋은 아이디어라고 생각합니까?" 그들이 "아닙니다"라고 말하면 그것은 좋지 않은 아이디어라고 모두 받아들입니다. 회계사한테 "세금을 따져봤을 때, 이 아이디어를 어떻게 생각합니까?"라고 물었을 때 안 된다고 대답하면 좋지 않은 생각이라고 이해하는 것과 다른 점이 없잖아요.

그렇게 되면 기업은 진보합니다. 그것은 철학자가 뛰어난 사업가이기 때문이 아니라, 철학이 비즈니스에 매우 좋기 때문입니다. 세무사도 마찬가지여서, 그들이 뛰어난 사업가라서 고용하는 것은 아니겠지요. CEO와 회계사는 다릅니다. 그러나 회계사가 없다면 CEO는 제대로 일할 수 없습니다. 철학과도 회사에는 없어서는 안 된다고 생각합니다. 철학과가 있다면 윤리자본주의는 실현 가능합니다.

칼럼

• 하이데거가 범한 과오 : (3) 하이데거의 작품은 선을 언급하지 않는다

앞선 칼럼에 이어서 마틴 하이데거의 공과功過에 대해 말하려 합니다.

하이데거는 1933년 나치에 입당했습니다.

만약 우리가 1933년에 살고 있었다면, 당시 어떻게 행동했을까요? 그걸 상상하기란 어려운 노릇입니다. 저는 제가 나치가 되지 않았기를 바랍니다. 지금의 저 자신을 보면 나치가 되었으리라고는 지극히 생각하기 어렵지요. 하지만 우리는 국가사회주의가 이미 끝나고 없어진 시대에 살고 있으므로, 당시로 돌아간다면 어떻게 해야 잘못을 범하지 않았을지는 알 수 없습니다.

어쨌든 선善의 개념을 지니지 않고 철학을 하기란 불가능합니다. 하이데거에게는 악의 개념밖에 없었습니다. 그의 작품에는 선에 대한 언급이 전혀 없습니다. 악에 대해서만 쓰여 있고, 악에만 흥미를 지녔습니다. 그러나 우리는 선에 관심을 가져야 합니다. 그렇지 않습니까?

저는 철학자로서 인류를 위해 제 생각을 활용하고 싶어서 정치에 관여하게 되었습니다만, 저 역시 아마 잘못을 저지르겠지요. 저는 예언자도, 그리스도도 아닙니다. 전 그저 인간이므로 실수를 하지 않을 리가 없습니다.

그렇지만 하이데거가 인류의 진보에 공헌한 면은 있습니다.

하이데거는 문장을 읽는 법을 가르쳐주었습니다. 그는 새로운 해석학을 만들었습니다. 철학사를 고대부터 현대까지 다시 읽고 재해석해 우리를 편견에서 풀어놓은 것입니다.

덕분에 하이데거의 제자들은 가장 진보적인 정치 사상가가 되었습니다. 한나 아렌트는 20세기 최고의 정치 사상가라고 해도 과언이 아닐 것이고, 그 밖에 에마뉘엘 레비나스Emmanuel Levinas[41], 자크 데리다Jacques Derrida, 한스 요나스Hans Jonas등이 있습니다. 특히 요나스는 하이데거의 제자로, 1979년 저서 《책임의 원칙》에서 환경윤리를 제창했습니다. 이처럼 하이데거의 문하에서 최고의 윤리학자가 배출된 것입니다.

뛰어난 윤리학자로 아직 생존해 있는 에른스트 투겐트하트Ernst Tugendhat도 있습니다. 무척 유복한 유대인 사상가로, 나치의 등장을 보고 독일에서 도망쳤으나, 전후 하이데거를 사사하기 위해서 조국으로 돌아갔습니다. 그 뒤 독일의 최고 철학자 중 한 사람이 되었고, 베네수엘라에서 살았던 적도 있습니다. 벌써 90세지만 지금도 윤리에 관한 훌륭한 책을 쓰고 있습니다.

하이데거 학파는 20세기에 최고의 윤리학을 만들어냈지만, 그것은 아이러니하게도 하이데거 자신이 윤리학을 만들지 않았기 때문이라고 할 수 있습니다. 그는 후배들이 활약할 수 있는 공간을 열어주었습니다. 뛰어난 윤리학자가

41 에마뉘엘 레비나스(1906~1995) : 리투아니아 출신의 프랑스 철학자. 프라이부르크대학교에서 후설과 하이데거에게 배웠다. 전체주의와 그것에 대항하는 '무한'에 대해 논한 《전체성과 무한》이 대표작이다.

탄생하기 위해서는, 유감스럽지만 하이데거라는 인물이 필요했습니다. 그러나 하이데거는 괴벨스^{Paul Joseph Goebbels}[42]와는 다릅니다. 괴벨스는 인류의 진보에 전혀 공헌하지 못했고, 뛰어난 제자도 없으며, 누구에게도 좋은 영향을 미치지 못했습니다.

---

[42] 요제프 괴벨스(1897~1945) 독일의 정치가. 나치당 정권하에서 국민 계몽·선전장관으로 일했다.

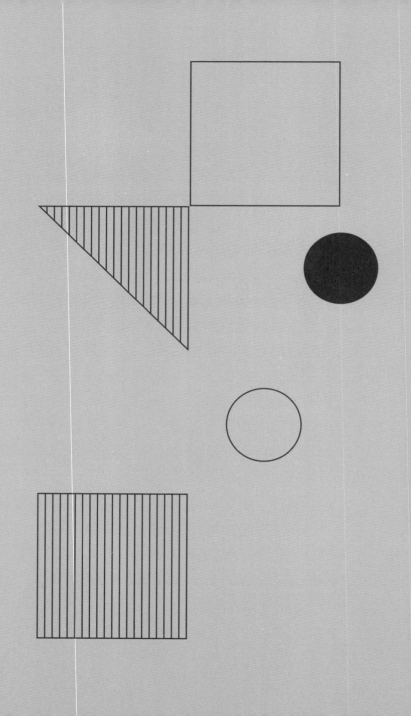

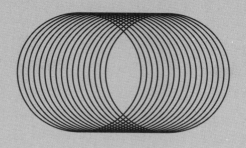

5장

개인이 살아가는 본연의 자세

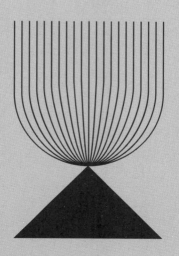

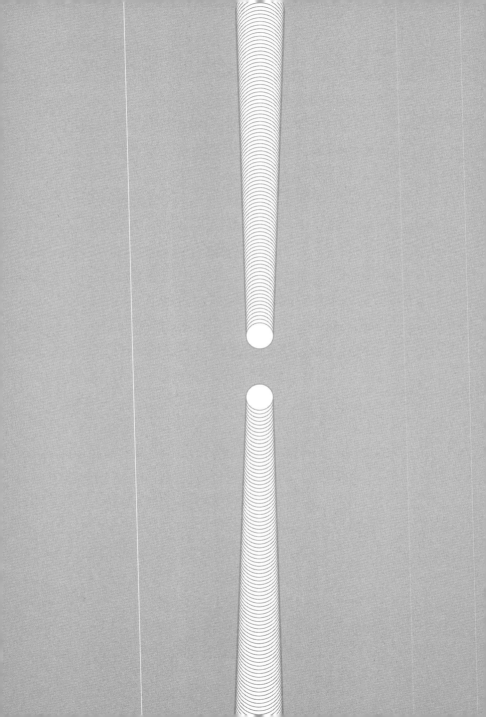

• 물리적으로 실재하는 것은 내가 아니다

자, 이제 마지막 장에 이르렀으니, 인류란 과연 무엇인가 하는 것을 다시 한번 다뤄보고자 합니다. 제가 '신실존주의新實存主義, Neo_Existentialism'라고 부르는 사고방식에 기반을 두고 생각해봅시다.

인류는 자신이 누구인가 하는 개념을 규정하고, 그것을 바탕으로 살아가는 동물입니다. 구체적인 예를 들어볼까요. 우리는 "채식주의자가 되어야 할까?"라든가, "프랑스 요리는 한국 요리보다 맛있을까?"와 같은 화두로 토론할 수 있습니다. 저 자신은 아시아 음식이 더 낫다고 생각하지만, 우열을 가린다는 것은 힘들지요. 어쩌면 프랑스 요리가 이

길지도 모릅니다. 어쨌거나 우리는 이처럼 "어떤 식생활을 선택해야 할까?" 같은 내용으로 사람들과 대화를 나눌 수 있습니다.

반면에 사자는 그런 대화를 하지 않습니다. 사자는 영양을 잡아먹으면서 "우리, 채식주의자가 되어야 하나?" 따위를 토론하지 않습니다. 왜냐하면 우리가 아는 한 자신이 누구인가 하는 개념을 지닌 것은 인간뿐이기 때문입니다.

그런데 이 자기 인식이 잘못된 경우가 있습니다. 예를 들어 가톨릭 신자는 인간에게는 불멸의 영혼이 있다고 믿지만, 불멸의 영혼 같은 것은 아마 없겠지요. 즉 가톨릭 신자의 자기 인식이 틀렸을지도 모릅니다. 하지만 그들이 옳고, 우리가 틀렸을지도 모르죠. 모르는 일입니다.

어쨌든 신실존주의는 인간이 "나라는 존재는 누구인가?"라는 인식에 따라 행동한다고 믿는 사상입니다. 즉 인간은 "인간이란 무엇인가"를 묻는 생물이고, 인간의 본질은 답이 아니라 질문입니다. 인간이 물음표라고 한다면, 인간이외의 존재는 느낌표입니다. 사자는 그저 사자이며, 달은 그저 달이며, 식물은 그저 식물입니다.

　장 폴 사르트르[1905~1980]가 제대로 표현했듯, 인간이
란 "존재하지 않는 어떤 것이지, 존재하는 어떤 것이 아닙니
다."[43] 현실 세계에 "이것이 나다"라고 말할 수 있는 존재는
없습니다. 눈에 보이는 것은 모두 제가 아닙니다. 저의 몸조
차도 제가 아니죠. 지금 저의 몸이 저라면 어제의 몸은 제가
아니고, 내일의 몸도 제가 아니기 때문입니다. 저라는 인간
에게 역사가 있고, 5분 전의 저와 지금의 제가 같다면, 제가
저의 몸이어서는 안 됩니다. 물리적으로 실재하는 것은 제
가 아닙니다. 그런 것이 인간입니다.

43　"존재하지 않는 어떤 것이지, 존재하는 어떤 것이 아니다(L'homme est ce qu'il
n'est pas et n'est pas ce qu'il est)." 사르트르는 즉자존재와 대자존재라는 이항
대립을 도입했다. 즉자존재(re-en-soi)란 사물과 같은 존재이며 '존재하는 바
의 어떤 것(l'tre est ce qu'il est)'이다. 항상 그 자신에 대해 동일한 것으로서 완
전히 일치하며 부정이 만들어지지 않은 상태를 가리킨다. 반대로 인간은 대
자존재(pour-soi)이며, '존재하는 어떤 것이 아니라, 존재하지 않는 바의 어떤
것'으로 존재한다. 자기에 대한 의식을 지니고 있으며, 사물과 같이 자기동일
적으로 존재하지 않는다. 사르트르에 의하면 의식은 항상 '~이 아닌' 형태로
부정성을 지니고 있다. 'A는 A'라는 개념이 성립하는 것은 즉자존재이고, 대자
존재는 'A는 A였다고밖에 말할 수 없는' 본질을 지니지 않은 존재이다.

• 인간은 자신이 동물인 것을 몹시 두려워한다

인류와 똑같은 것은 존재하지 않습니다. 그것이 인류이며, 그 때문에 우리는 자유롭습니다. 모든 인간이 이 자유를 지니고 있습니다. 사자인 인간은 없습니다. 그것이 키플링Rudyard Kipling이 쓴 《정글북》[44]의 메시지입니다. 주인공 소년 모글리는 표범이나 원숭이가 될 수 있지만, 표범은 원숭이가 될 수 없습니다.

만약 다른 동물을 모방할 수 있는 동물이 있다 하더라도, 그러한 동물은 인간과 공통점이 있을 뿐 시를 쓰거나, 자동차를 소유하거나, 경제를 운영하거나, 영상 회의를 하지는 못하겠지요. 인간은 자신들이 만들어낸 상황에 적응할 수 있습니다.

한 걸음 더 나아가 말하면 "인간은 자신의 동물성과 거리를 두는 동물이다"라고 할 수 있지요. 이 말은 책 《생각이란 무엇인가 The Meaning of Thought》(열린책들) 말미에 적은 문장입니다.

---

44 《정글북》: 러디어드 키플링이 자신의 인도 생활을 취재해 1894년에 발표한 단편소설집. 후에 영화화되었다. 늑대 무리 속에서 자란 소년 모글리가 주인공인 연작을 한 권으로 모아 간행된 책이 많다.

책을 쓸 때 저는 일단 시작과 마지막 문장을 구상합니다. 방금 말씀드린 그 책의 마무리를 어떻게 하면 좋을까, 생각했을 때 떠오른 문장이 저것이었습니다. 참고로 욕실에서 떠올렸습니다. (웃음) 가장 좋은 아이디어는 사우나나 욕실에 있을 때 생각나더군요.

인간 외에는 자신이 동물이라는 사실을 문제시하는 동물은 없습니다. 동물은 그냥 동물일 뿐입니다. 그러나 우리 인간은 동물이라는 사실을 몹시 두려워하고 있습니다.

• 인생의 의미란

"인생의 의미란?" 그런 질문을 종종 받는데요, 살아가는 것의 의미는 살아가는 것입니다. 생명은 이 세상에서 가치를 낳는 유일한 것입니다. 그러나 끔찍한 인생도 있고, 모든 인생이 가치를 만들어내는 것도 아닙니다. 좋은 인생이란, 그 안에 가치가 담겨 있습니다. 예를 들어 건강하고 작은 행복으로 가득한 하루를 보낼 수 있다면, 거기에는 가치가 있습니다.

이번엔 제 앞에 있는 이 커피를 예로 들어볼까요. 지금까지 마신 커피 중에 최고라고는 말하기 힘들지만, 지금 막 이 커피를 한 모금 마셨습니다. 지금 인생의 의미에 대한 재미있는 대화를 나누며 이 커피를 마시고 있죠. 저의 특기인 철학 이야기를 하면서 그럭저럭 몸도 건강합니다. 제가 지금 이러고 있는 것, 이것이 바로 인생의 의미입니다. 인생에 이 순간 이상으로 훌륭한 것은 없습니다.

그리고 이 순간의 이전 순간, 그러니까 오늘 아침 제가 한 일이라든가, 또 이 순간 뒤에 다가올 순간도 모두 좋은 순간입니다. 혹시 저는 오늘 밤 죽을지도 모릅니다. 그러나 저는 앞으로 저에게는 좋은 일이 일어날 것이라 예상하고, 이미 일어난 일에 대해서는 좋은 기억이 있습니다. 좋은 날이 있으면 나쁜 날도 있지만, 저의 인생은 지금 안정되어 있습니다. 조만간 달라질지도 모릅니다만. 인생에는 산도 있고 계곡도 있는 법이니까요.

인생의 의미는 자신의 명줄을 찾아내는 능력에 달려 있습니다. 어떤 일을 할 때 행복한가? 인간은 그것을 알아둘 필요가 있습니다. 예를 들어 자신은 동성애자인가, 아닌가? 섹스는 매주 몇 번이나 하고 싶은가? 어떤 섹스가 좋은가? 어떤 음식을 좋아하나? 어디에서 살고 싶은가? 좋아하는 날씨는? 좋아하는 색깔은? 정장을 입는 것을 좋아하나, 싫어하나? 스포츠는 좋아하나, 싫어하나?

살아가기 위해서는 자신을 잘 알지 않으면 안 됩니다. 인간에게는 행복해질 수 있는 영역이 있습니다. 그런 영역은 사람에 따라 다릅니다. 이 영역을 발견할 수 있다면, 그것이 자신의 운명입니다. 그리고 그 운명이 행복을 불러옵니다.

그렇기에 인간은 중병에 걸리거나 불행할 때, 운명을 시야에서 놓쳐버렸다고 느낍니다. 인간은 말기 암 등으로 머지않아 죽을 것임을 알았을 때, 그 자신만이 아니라 주위 사람들까지 인생의 의미를 잃고 맙니다. 주위 사람들은 당사자와 체험을 공유하기 때문에 그들의 인생의 의미도 소멸하고 마는 것입니다.

• 신의 정체

그리고 그러한 위기에 직면했을 때, 인간은 신이나 신성한 어떤 것(신성성)을 만났다고 느낍니다. 그런 체험은 정말로 존재합니다. 그러나 우리가 실제로 경험한 것은 인생 그 자체입니다.

부모님이 돌아가셨을 때, 우리는 우주의 심연과 마주합니다. 따라서 신성한 무언가와 연결되었다는 특이한 감각을 느끼는 것입니다. 저의 철학에서 신성성이란 자신이 '전체'와 연결되는 경험이며, 인간의 한없이 복잡한 감각이 느껴지는 현실과 다름없는 것입니다. 그것이 신의 실체입니다.

우리가 일상에서 겪는 체험은 한정되어 있습니다. 우리에게는 눈앞의 목표밖에 보이지 않습니다. 그러나 개인에게 그다음 목표는 일종의 환상입니다. 예를 들어 저는 내일 스케줄을 예정대로 진행하기 전에 오늘 죽을지도 모릅니다. 내일 예정은 실행할 수도 있고, 실행하지 못할 수도 있지요. 그래서 환상이라고 할 수 있습니다.

인간이 태어나고 죽을 때, 즉 인생의 가장 극단적인 상황에서는 환상의 베일이 벗겨집니다. 그 때문에 친한 사람이 죽었을 때, 혹은 친한 친구를 어떤 이유로 잃었을 땐 마음이 크게 흔들립니다. 인생의 의미에 닿았기 때문에 매우 깊은 체험을 한 것이죠.

그러나 인생의 의미는 초월적Transcendent이 아니라 내재적Immanent입니다. 생명 그 자체에 깃들어 있습니다. 기독교 신도들은 "나는 생명이라"라는 그리스도의 말을 그렇게 해석한 것이라 생각합니다. 그런데 신의 개념을 정의한 사람은 아리스토텔레스입니다. 기독교에서 내세우는 신의 개념은 성서가 아니라 아리스토텔레스가 만들었습니다. 아리스토텔레스는 신을 '누스Nūs'[45]에 있다고 정의하고 있습니다.

인간의 정신성이 어느 수준에 도달해 자신을 완전한 인간으로 인식했을 때, 신성성을 체험합니다. 신성성이란 그런 것입니다. 이것은 헤겔이 기독교를 바라보는 관점이기도 합니다. 헤겔은 신과 인간, 예수와 신은 같다고 말했습니다. 그는 기독교의 의의는 신이 존재하지 않음을 인식하는 것, 즉 신의 완전한 부정이라고 말했습니다.

• 돌아가신 아버지의 메일

아버지가 돌아가시기 일주일 전, 아버지와 한 가지 약속을 했습니다. 아버지는 다음 주에 당신이 돌아가실 것

---

45   누스 : 신, 정신, 이성, 지성 등을 의미하는 그리스어.

을 알고 있었습니다. 저는 혹시 육체가 죽은 뒤에도 생명이 있다면 메시지를 보내달라고 말했습니다. 다만 꿈에 나오는 것은 비과학적으로 여겨지니 꿈이어서는 안 되고, 메일을 쓰는 것으로 합의했습니다. 아버지는 죽음을 맞이한 뒤에 메일을 보내기로 약속한 것입니다.

아버지는 원예가였는데 지금은 당신이 노후에 돌보던 정원 안 묘지에 잠들었습니다. 물론 그곳에 자신이 매장되었다는 사실을 아버지는 모릅니다. 이 부분을 염두에 두십시오.

아버지를 땅에 묻던 날, 저는 태어나서 처음으로 그 묘지의 문을 지나 이미 화장된 아버지의 유골을 보았습니다. 그런데 그 순간 메일 착신음이 울리는 게 아닙니까! 메일은 아버지가 결혼식을 올렸던 노르웨이의 어느 도시에 사는 사람이 보낸 것이었습니다. 그분이 원예와 불사에 대한 메일을 보낸 것입니다.

저는 답장을 보냈습니다. "아버지가 맞나요?"라고 쓰지는 않았습니다. 그러나 이것은 굉장한 일이라고 생각했습니다. 아버지는 사후의 세계로부터 메일을 보내기로 약속했는데, 우연이라고는 해도 진짜로 이런 메일이 왔으니까요. 마치 정말 아버지가 보내준 것 같지 않습니까? 물론 무척 신기한 일이긴 했지만, 그렇다고 이것을 사후 세계가 존재하는 증거라고 생각하지는 않습니다. 그런데 말이죠, 그후 그분이 자신이 그린 그림을 보내주는 바람에 사태는 점점 더 복잡해졌습니다. 그 그림은 정원과 불사와 영혼에 관한 그림이었기 때문입니다.

저는 그분의 정체를 조사하지는 않았습니다. 아버지였을지도 모르지만, 확신할 수는 없습니다. 다만 신기했습니다. 그 후 두 달간 저는 묘지를 찾지 못했는데, 몇 주 전 아내와 딸이 찾아갔습니다. 아내는 차로 묘지를 통과하던 중, 저에게 전화를 걸었습니다. 묘지에 도착했다고 아내가 말함과 동시에 또 메일 착신음이 울렸습니다. 그것은 예의 그 노르웨이 사람이 보낸 메일이었습니다. "당신의 작품을 다 읽은 참입니다만, 저를 떠올려주셨으면 해서"라는 내용으로 끝에 "또 연락해 주십시오"라고 쓰여 있었습니다. 다시 말씀드리지만, 이 메일은 아내가 묘지에 도착했다고 말한 그 순간에 도착했습니다.

많은 우연이 겹쳤습니다. 그저 우연일 뿐, 아무 의미

도 없을지 모릅니다. 인간은 무의식적으로 정보를 선택합니다. 이른바 '선택 바이어스 Selection Bias'입니다. 물론 저는 아버지가 정말 메일을 보내주기를 바랍니다. 따라서 아버지가 메일을 보냈다고 생각할 법한 현상에 주목하게 되는 것이지요. 이것이 사후 세계가 존재한다는 증거라고는 생각하지는 않지만, 놀랄 만한 일이기는 했습니다. 이 이야기를 한 까닭은 민속신앙이나 불교에서 왜 윤회輪廻와 전생轉生을 믿고 있는지 알기 때문입니다. 사람이 죽을 때, 주위 사람은 이 세상을 초월하는 무언가와 접한 듯한 경험을 하게 됩니다.

• 인류가 퇴보하지 않기 위해 해야 할 일

인류라는 존재는 지난 1000년 동안 진보했다고 말할 수 있을까요?

어떤 의미로는 진보했다고 생각합니다. 예를 들어 동성혼의 합법화처럼 커다란 진보도 볼 수 있었죠. 군주제의 폐지와 가톨릭교회 권력의 실추, 제국주의의 붕괴, 노예제도 폐지 등도 진보입니다.

그러나 8만 년쯤 전의 인류는 오히려 지금보다도 더 진보적이었다고 말할 수 있을지 모릅니다. 이것은 남미의 원주민 코기족으로부터 배운 것입니다. 그들은 4000년 전부

터 같은 생활을 계속했는데 다양한 의미에서 우리보다 진보
적입니다. 물론 그렇지 않은 면도 있지만요.

한편으로 인류는 눈에 띄게 진보했지만, 동시에 퇴보
한 면도 있습니다. 특히 자연과학과 테크놀로지의 발전으로
부터 윤리를 떼어놓은 일은 가장 퇴보한 점이라고 생각합니
다. 이러한 퇴보가 20세기에 전체주의에 의한 전쟁과 원폭
을 초래했습니다. 1945년의 히로시마와 나가사키 말입니다.

그리고 지금, 인류는 기후변화라는 위기로 자멸하려
고 하고 있습니다. 원폭도 비참했지만, 기후변화는 그보다
더욱 심각한, 인류 사상 최대의 위기입니다.

기후 문제를 해결하기 위해서는 상당한 윤리적 진보
가 필요합니다. 기후 문제를 기술적으로 해결하기란 불가능
합니다. 태양광 패널과 수소 에너지만으로는 대처할 수 없
는 거죠. 더욱 좋은 배터리를 개발하지 않으면 안 되기 때문
입니다. 이 문제는 지금까지 몇 번이고 논의되어 왔습니다.

팬데믹 대책을 위해 록다운을 실시해도 세계의 이산화
탄소 배출량은 8.8 퍼센트밖에 감소하지 않았습니다 (2020년 상반

기). 왜 이렇게 조금밖에 줄지 않았을까요? 서버 탓입니다. 소셜 미디어는 환경에 좋지 않습니다. 록다운보다 훨씬 급진적인 개혁이 필요합니다. 록다운을 영구히 실시하는 것보다도, 라이프스타일 자체를 바꾸어야 합니다.

• 이성적으로 행동하는 것은 '이유율'에 따라 행동하는 것

이 책에서 몇 번이고 언급했지만, 인류는 한층 더 이성적으로 행동해야 합니다.

이성적으로 행동하는 것이 어떤 것일까요? 저는 '이유율理由律'에 따라 행동하는 것이라고 인식합니다. 모든 일은 반드시 어떠한 원인에 의해 일어나고, 그 원인은 시간이란 면에서 결과보다 반드시 선행한다는 원리를 인과율因果律이라고 합니다만, 이유율은 그런 인과율과 매우 가까운 개념이면서, 그보다 조금 너른 의미를 지니고 있습니다.

인과는 물리적으로 증명할 수 있는 것을 가리키지만, 이유는 그보다 더 일반적입니다. 우리는 위대한 철학자 라이프니츠^{Gottfried Wilhelm von Leibniz}[46]가 말한 충족이유율에 따라 행동해야 합니다.

"모든 사상은 설명할 수 있지만, 설명하려면 다양한 도구^{道具}가 필요하다." 이유율이란 그런 사고방식입니다. 이성에 근거를 둔 생각이죠. 이성은 왜 사물이 이럴까, 그 이유를 묻습니다. 아리스토텔레스는 사물을 아는 것과 사물의 원인을 아는 것을 구별했습니다. 그리스어로 아는 것을 호티^{Hoti}라고 하고, "무엇 때문에 이렇게 되었는가"를 아는 것을 디오티^{Dioti}라고 합니다.

통계적 세계관은 예를 들어 "몇 사람이 바이러스에 감염되었다" 같은 사실 외에는 알지 못합니다. 그러나 흥미로운 것은 "왜 그런가?" 하는 점, 즉 사물의 "무엇 때문에 이렇게 되었는가?"입니다. 알고 싶은 것은 "실업률이 증가한 까닭은 무엇인가?"처럼 "무엇 때문에 이렇게 되었는가?"의 설명이며, 무엇을 바꿀 수 있는가 하는 것입니다.

---

46   라이프니츠(1646~1716) : 독일의 철학자 겸 수학자. 우주는 각각 독립된 '모나드'로 구성되어 있고, 모나드에 조화와 통일을 초래하는 것은 신에 의한 예정조화라는 모나드론을 전개한 것으로 유명하다. 주요 저서 《모나드론》.

통계적 세계관에 빠지지 않기 위해서 우리에게는 '상황의 특수성'을 고려하는 사고가 필요합니다. 그러한 사고를 질적 사고라 부르기로 하죠.

예를 들어 통계적 사고는 방 안에 몇 사람이 있는가, 문 바깥으로 나가려면 몇 사람 곁을 지나지 않으면 안 되는가 하는 것 등을 묻습니다. 그에 반해 질적 사고는 방에 누가 있는가, 그들은 무엇을 하고 있는가 등을 묻습니다. 우리에게 필요한 것은 이처럼 양적 사고가 아닌 질적 사고입니다.

• '생각한다'는 것은 무엇인가

인간이 생각한다는 것은 어떤 것일까요? 생각한다는 것은 생각을 꽉 붙잡는 것입니다. 그럼, 생각이란 무엇일까요?

순환론이 되지 않도록 설명하지요. 옳을지도 모르고, 옳지 않을지도 모르는 사물을 파악하는 것이 생각하는 것입니다. 따라서 생각은 옳은 것도 있고, 옳지 않은 것도 있습

지나치게 연결된 사회

244

니다.

예를 들어 저를 인터뷰하는 두 분이 지금 오사카에 있다고 생각한다고 해봅시다. 그러면 이 생각은 틀렸습니다. 그것이 아니라, 여러분이 도쿄에 있다는 것이 올바른 생각입니다. 이처럼 생각은 옳은 것도 있고, 옳지 않은 것도 있습니다.

그런데 저의 손은 옳지도, 그르지도 않습니다. 손에는 손가락 다섯 개가 있는데, 손은 그저 손이고, 손에는 진위가 없습니다.

한마디로 진실과 허구의 차이는 사고가 있는 곳에만 존재한다는 것입니다. 수학자 겸 철학자 프레게Gottlob Frege[47]의 정의를 빌자면, 생각한다는 것은 생각을 꽉 붙잡는 것입니다. 이 사고방식은 헤겔이나 플라톤에게서도 볼 수 있습니다.

---

47   고틀로프 프레게(1848~1925) : 독일의 수학자이자 논리학자, 철학자. 수학은 논리에 따라 성립해야 한다는 논리주의를 제창했으며, 기호논리학의 창시자가 되었다.

또한 저는 사고란 것이 시각과 마찬가지로 감각의 일종이라고 생각합니다. 청각과 후각, 시각, 사고…. 불교의 가르침처럼 사고를 다른 감각과 동격으로 봅니다.

• 인간의 사고가 지닌 약점

인간의 사고가 지닌 기본적인 약점은 사물을 파악하는 힘이 사고에 관한 그른 개념에 위협받고 있다는 점입니다. 무슨 말인가 하면, 우리는 생각하는 것 그 자체에 대해 잘못된 생각을 가졌을 가능성이 있다는 뜻입니다. 그러니까, 이중으로 오해할 수 있다는 거죠. 그리고 생각하는 것 자체를 오해하고 있다는 말은 인간에 대해 오해하고 있다는 말도 됩니다. 왜냐하면 인간은 생각하는 동물이기 때문입니다.

게다가 인간에 대해 오해하고 있다면(즉 자신을 잘못 인식하고 있다면), 우리는 큰 잘못을 저지를 수 있습니다. 통계적 세계관은 이렇게 생겨납니다. 통계적 세계관은 사고에 관한 잘못된 생각입니다. 컴퓨터 과학이라는 분야는 사고에 관한 잘못된 생각에 바탕을 두었다고 생각합니다. 그것은 컴퓨터 과학에도 지장을 주는 것이겠죠.

• 칸트가 말하는 '생각하는 것은 판단하는 것'은 옳을까?

칸트는 《프롤레고메나 Prolegomena》 제22절에서 이렇게 말했습니다. "생각하는 것은 판단하는 것이다."

칸트가 말하려 한 바를 가능한 한 쉽게 설명해볼까요. 판단이란 기본적으로 주어와 술어의 조합입니다.

"서울은 아름다운 도시다." 제가 그렇게 생각했다고 가정해봅시다. 아름다운 도시가 어디 한 군데뿐이겠습니까. 서울만이 아니라 파리도, 로마도 아름답지요. 이들 도시에는 '아름다운 도시다'라는 공통점이 있습니다. '서울은 아름다운 도시'라고 생각할 때, 저는 '서울'과 '아름다운 도시'라는 개념을 조합해야 합니다. 이것을 칸트는 판단, 혹은 '종합 Synthesis'이라고 불렀습니다.

제 생각으로는 사고와 판단은 다릅니다. 사물은 이미

결합되어 있으므로 결합할 필요가 없기 때문입니다. 즉 사물의 조합을 파악하기만 하면 된다는 거죠. 칸트의 문제점은 우리가 생각하는 것에 의해서 현실을 '만들어내고 있다'고 믿는다는 것입니다. 저의 경우에는 인간은 생각하는 것으로 현실을 (만들어내는 게 아니라) '파악한다'라고 생각합니다. 그것이 저와 칸트의 사고 개념의 차이입니다.

우리는 아무것도 창조하지 않습니다. 어떤 의미로 현실을 바꿀 뿐입니다. 그러나 현실을 바꾸는 것도 현실의 한 부분입니다. 현실에서 거리를 두기란 불가능합니다. 잘못된 생각을 지니는 것은 가능하지만, 그 잘못된 생각도 역시 현실입니다.

그리고 모든 잘못된 생각은 올바른 요소를 포함하고 있습니다. 완전히 잘못된 생각이라는 것은 존재하지 않습니다. 예를 들어 제가 "도쿄는 한국의 수도다"라고 생각했다고 합시다. 이 생각 속에는 "도쿄는 도시다"라는 올바른 생각이 포함되어 있습니다. 올바른 생각이 없이 잘못된 생각은 존재하지 않습니다. 완전히 잘못된 생각은 생각이 아닙니다.

• 우리가 '살아있다'는 것을 실감할 때

칸트는 '생각하다'는 것뿐 아니라, 감각에 관해서도 자주 언급했습니다. 실러^{Friedrich Schiller}[48]도 그렇지만, 미적인 체험이 중요하다고 했습니다. 저도 그 말에 동의합니다. 우리가 '확실히 살아 있다'라고 말할 수 있는 것은 아름다움을 느낀 순간이 아닐까요.

전통 공연을 보고 즐겁다고 느끼는 순간. 이를테면 지나치게 난해하지 않은 음악도 괜찮은 예가 될 것입니다. 그런 공연과 음악에 마음이 움직였을 때, 누구나 자기 자신을 느낄 수 있을 것입니다. 그것은 무엇보다 강렬한 체험이었을 것입니다.

그러나 그것뿐만이 아닙니다. 좋은 대화, 훌륭한 와인, 멋진 식사. 고도로 감각적인 쾌락은 모두 좋은 삶의 일부입니다. 저는 그런 의미로 쾌락주의자입니다. 감각적 쾌락에는 사고도 포함되어 있어서 좋은 철학서를 읽는 것은 홀

---

48   프리드리히 실러(1759~1805) : 독일의 시인이자 극작가. 칸트의 영향을 받아 미학을 연구했다. 주요 작품으로 《군도》, 고전주의의 대표작 《발렌슈타인》, 《빌헬름 텔》 등이 있다.

류한 와인을 마시는 것과 다를 바 없죠. 쾌락의 경험이 있기에 우리는 살아가는 것입니다.

그리고 기분 좋은 경험을 가능하면 많이 남들과 공유해야 합니다. 무슨 일이든 되도록 즐거워야 하죠. 즐거움을 추구하면 다른 사람을 괴롭게 할 일이 없어지므로, 즐기는 것이 좋은 생각임을 알 수 있겠지요. 다른 사람을 괴롭히는 행위는 괴롭히는 쪽에도, 괴롭힘을 당하는 쪽에도 무척 불쾌하기 때문입니다.

예술을 접하는 것은 분명 인류의 진보에 중요한 역할을 합니다.

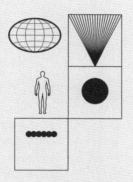

지나치게 연결된 사회

초판 1쇄 인쇄 2022년 7월 28일
초판 1쇄 발행 2022년 8월 12일

지은이 | 마르쿠스 가브리엘
엮은이 | 오노 가즈모토, 다카다 아키
옮긴이 | 이진아
펴낸이 | 권기대
펴낸곳 | ㈜베가북스

총괄 | 배혜진
편집장 | 정명효
편집 | 허양기, 김재휘
디자인 | 이재호
마케팅 | 이인규, 조민재

주소 | (07261) 서울특별시 영등포구 양산로17길 12, 후민타워 6~7층
대표전화 | 02)322-7241 **팩스** | 02)322-7242
출판등록 | 2021년 6월 18일 제2021-000108호
홈페이지 | www.vegabooks.co.kr **이메일** | info@vegabooks.co.kr
ISBN | 979-11-92488-08-0 (03100)